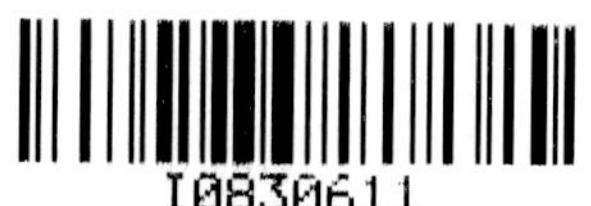

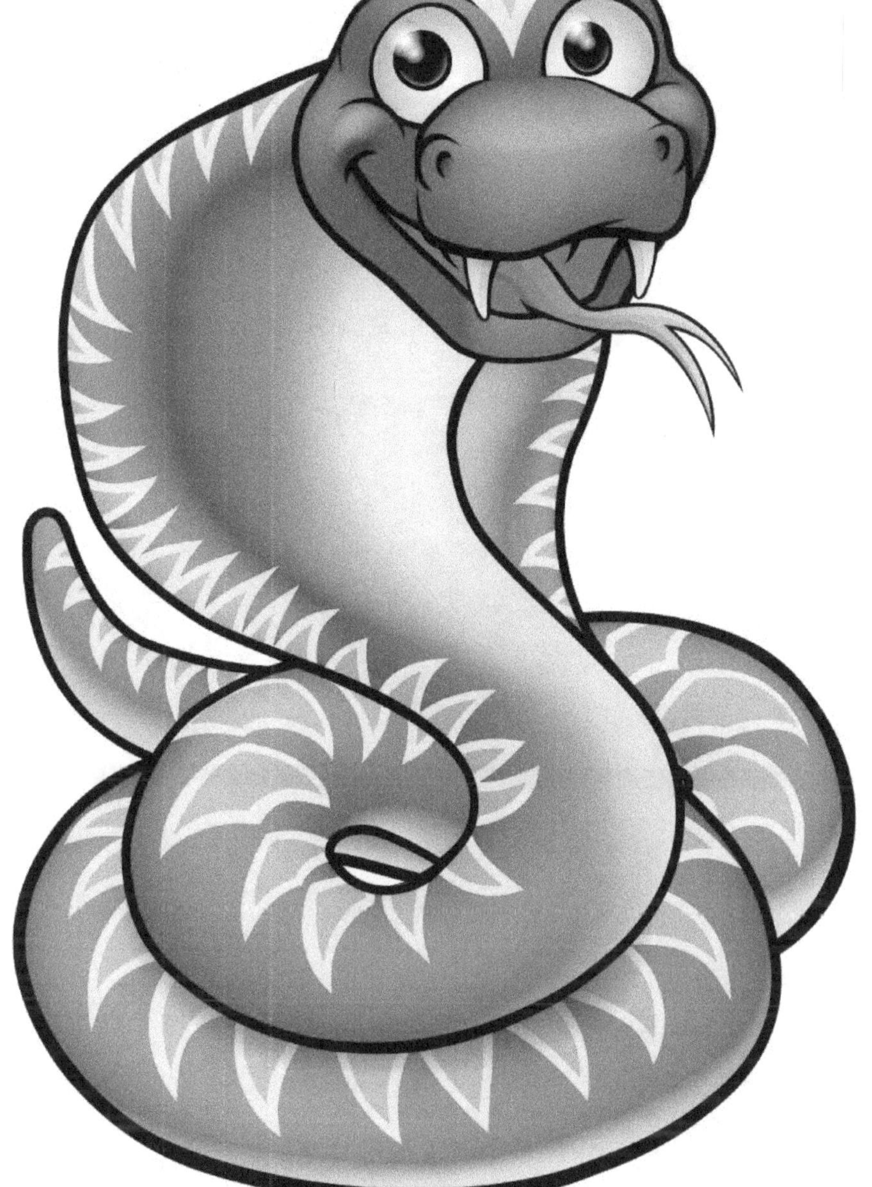

Questo libro appartiene a

PAGINE DI ANTEPRIMA

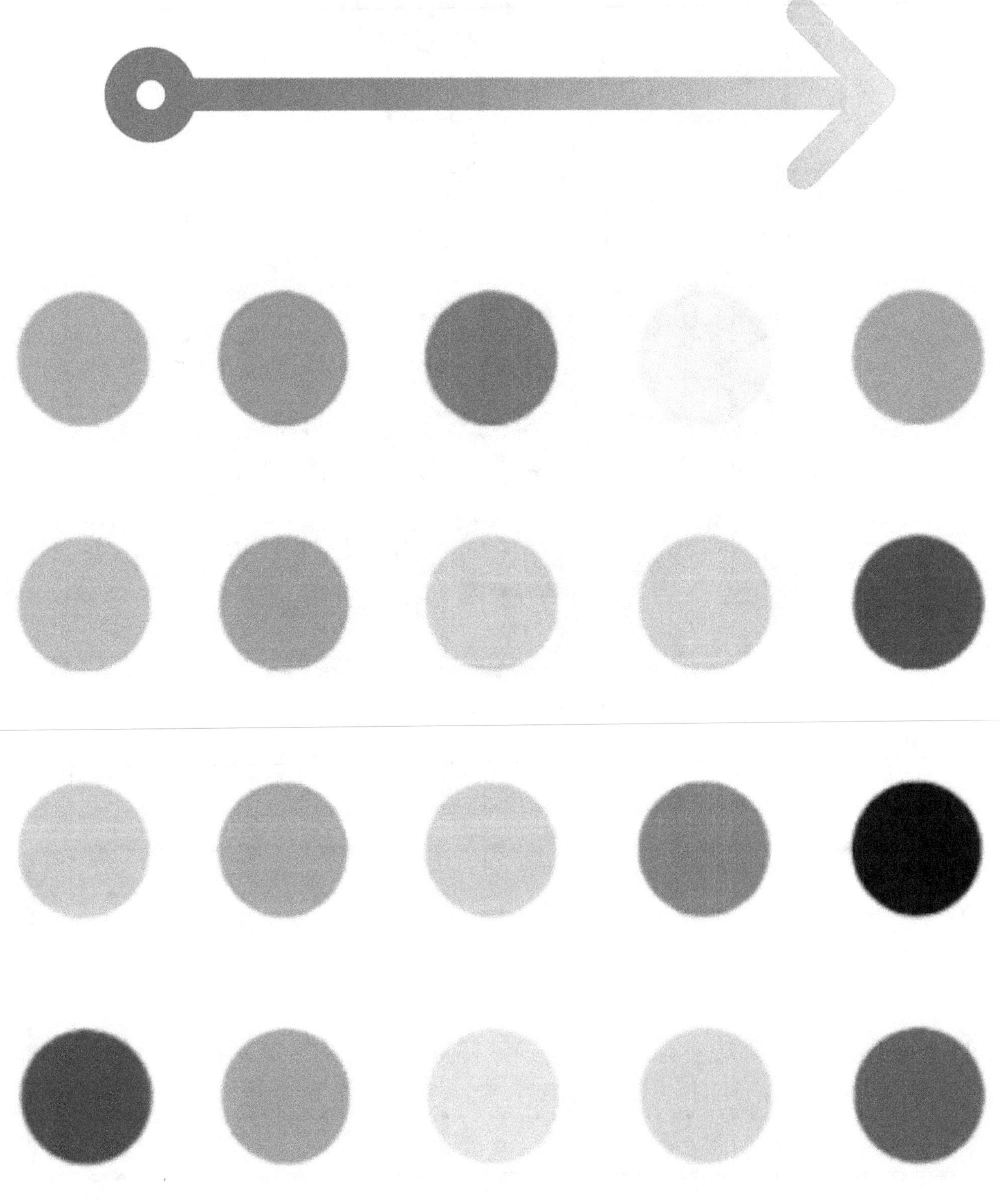

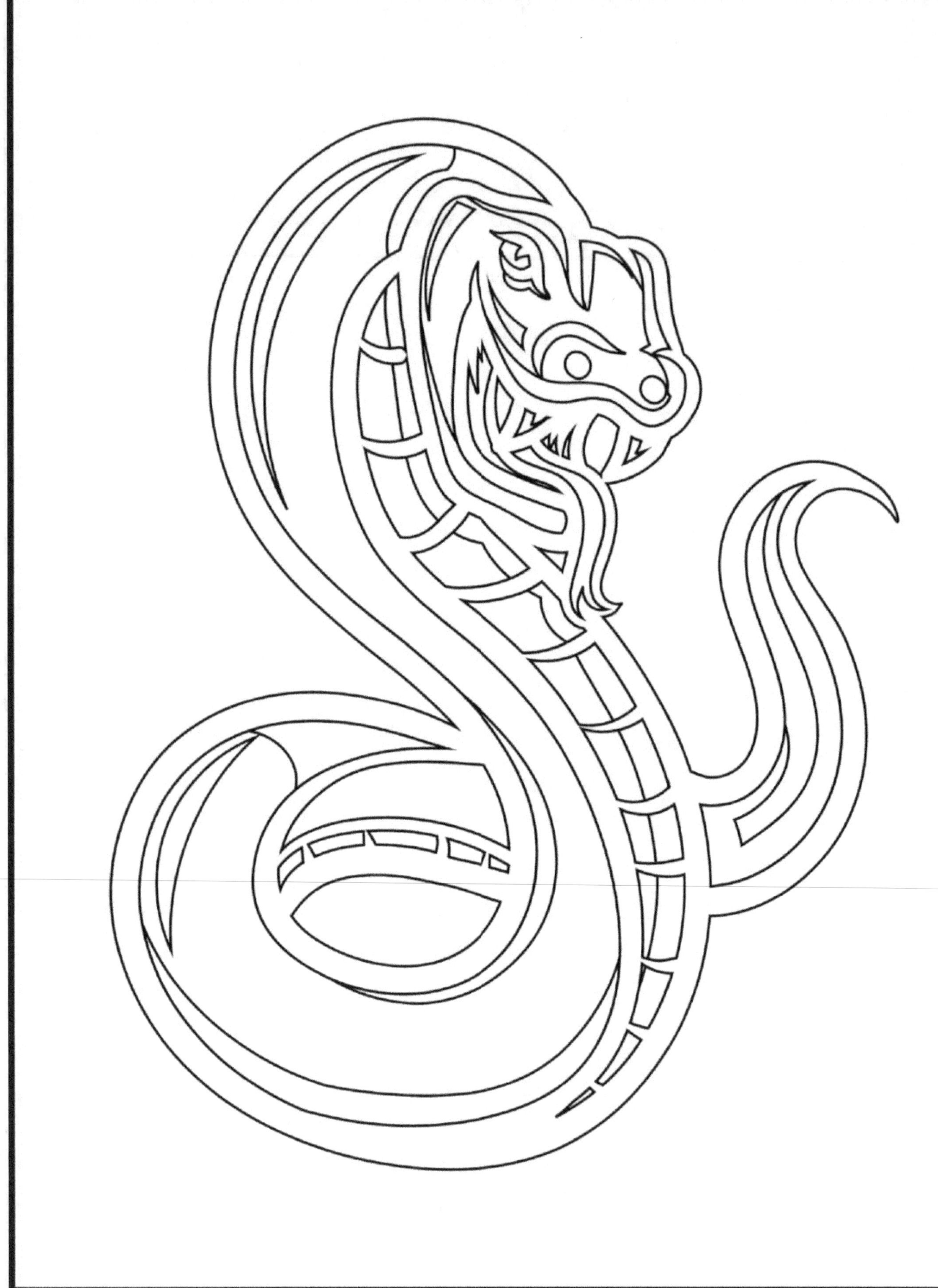

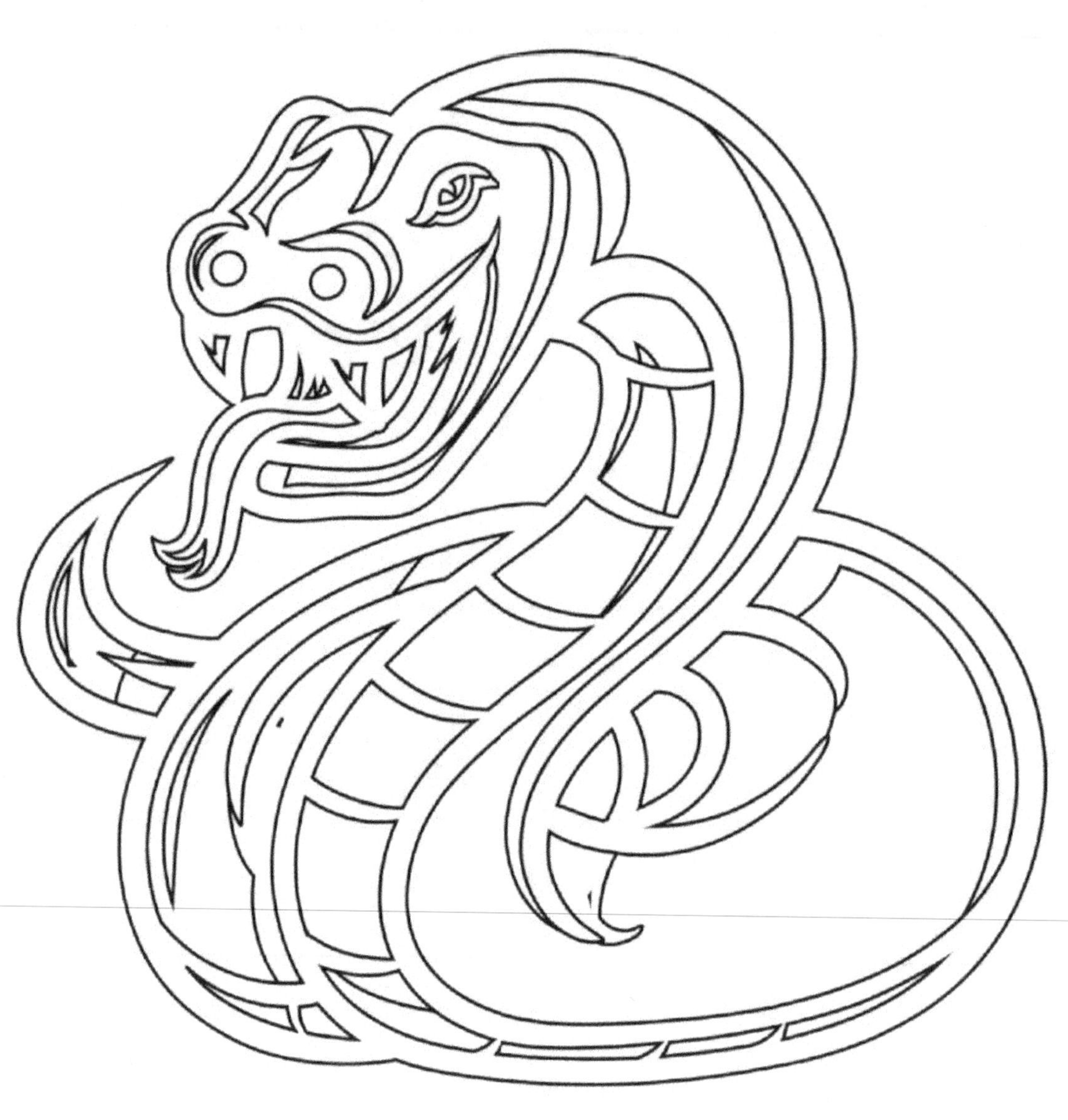

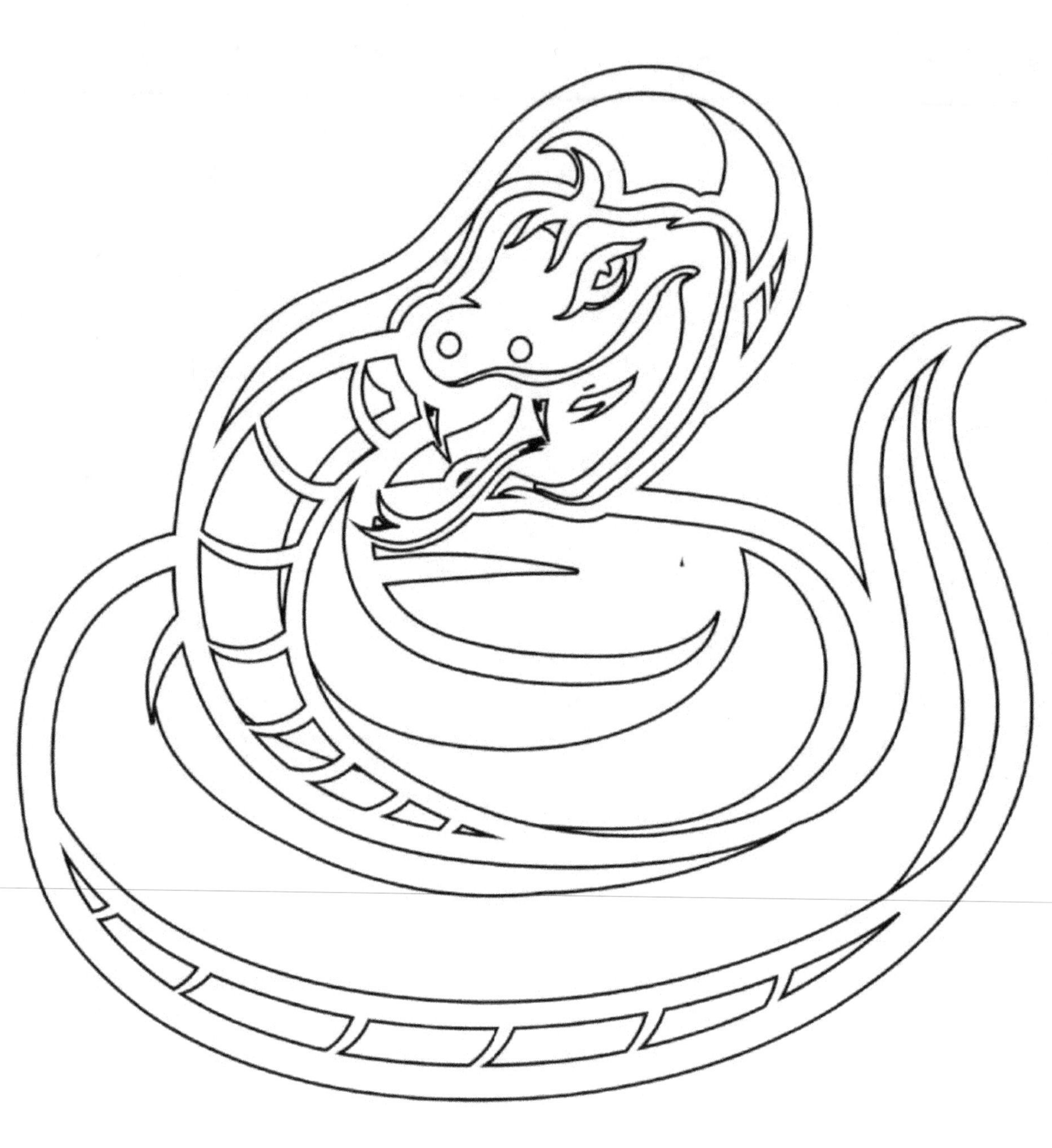

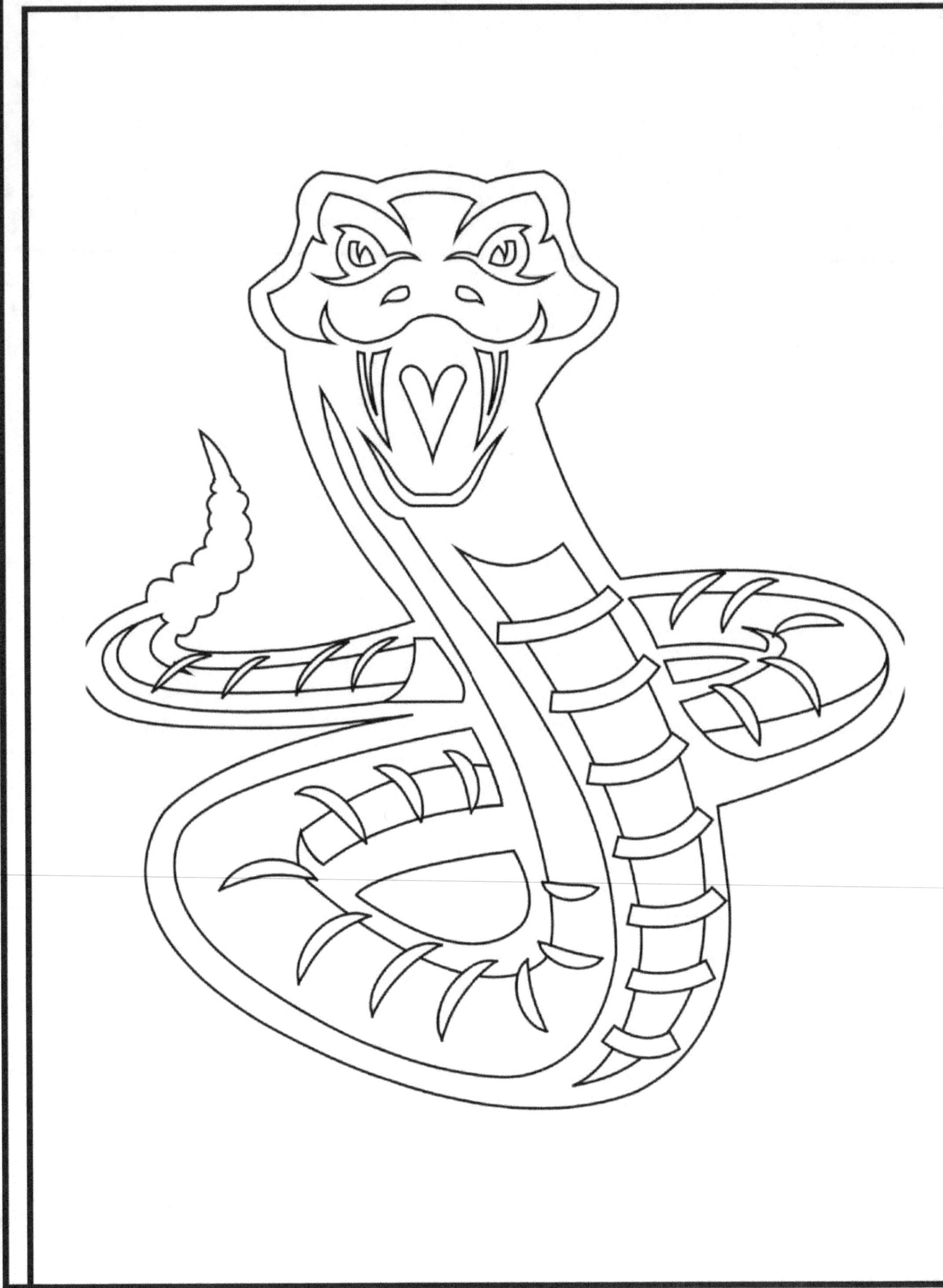

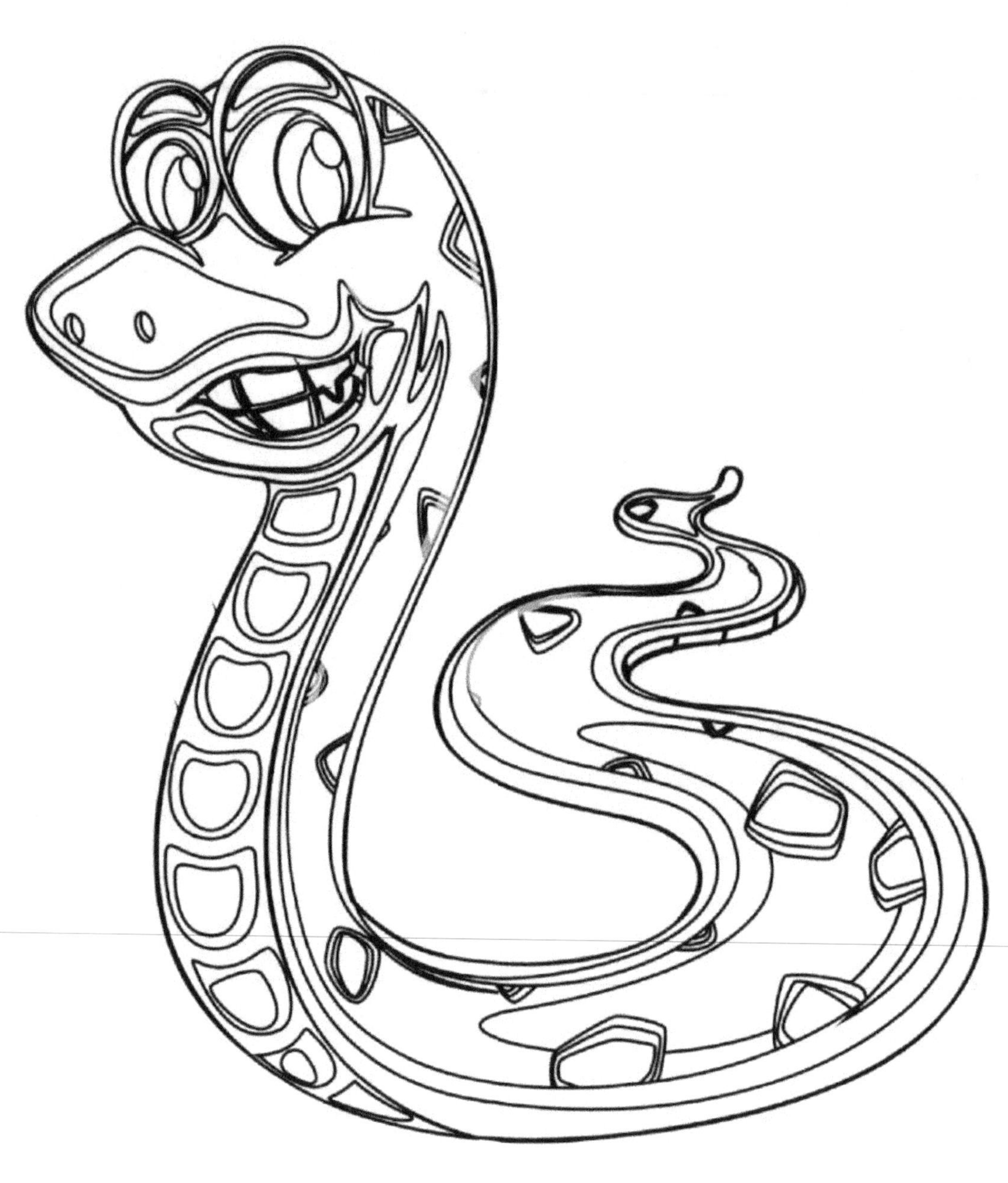

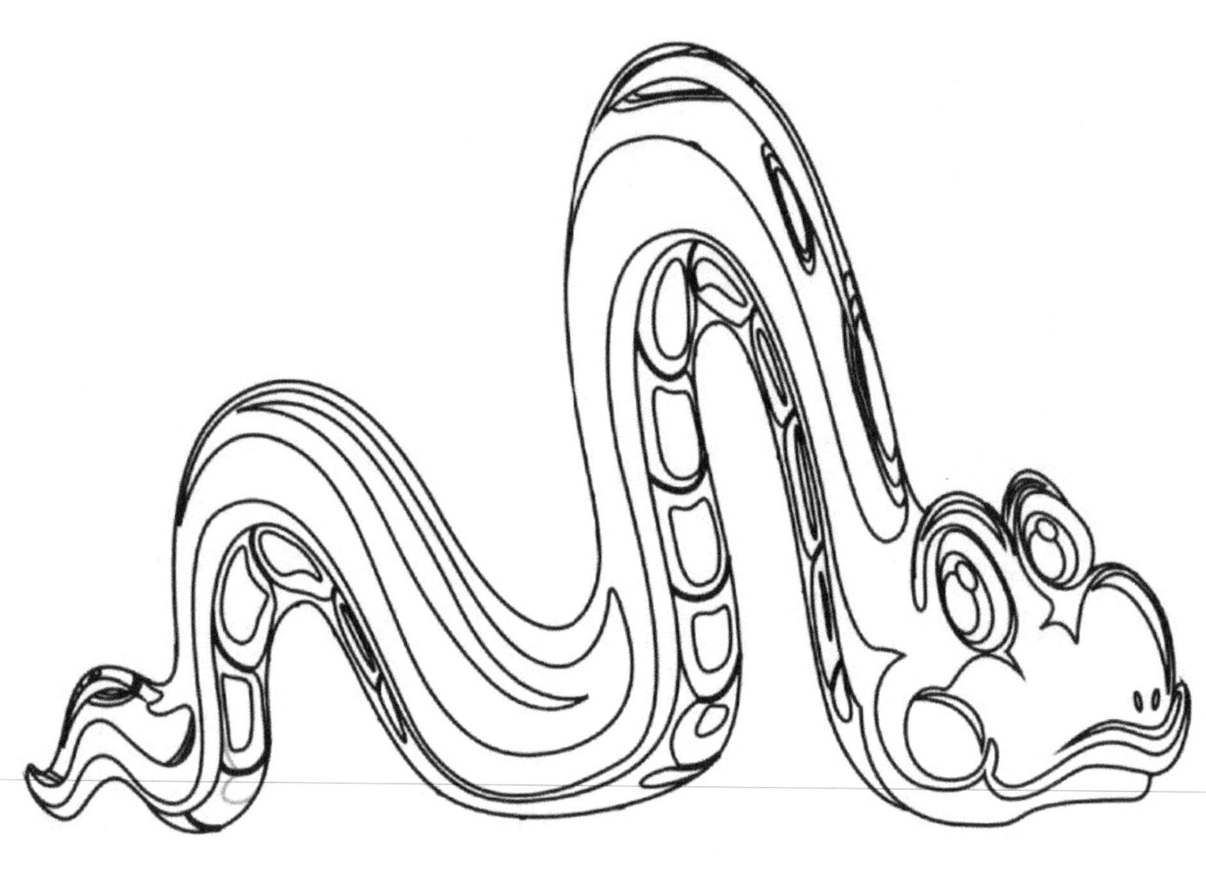

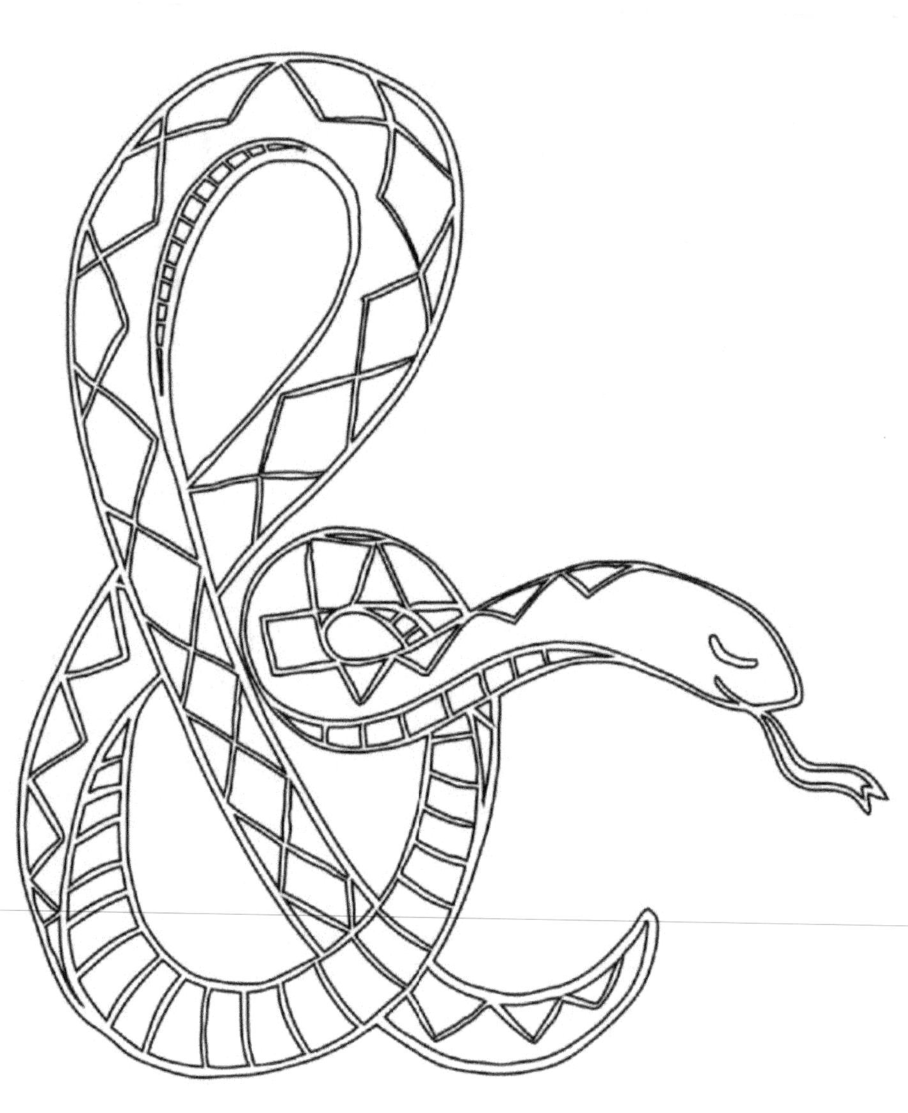

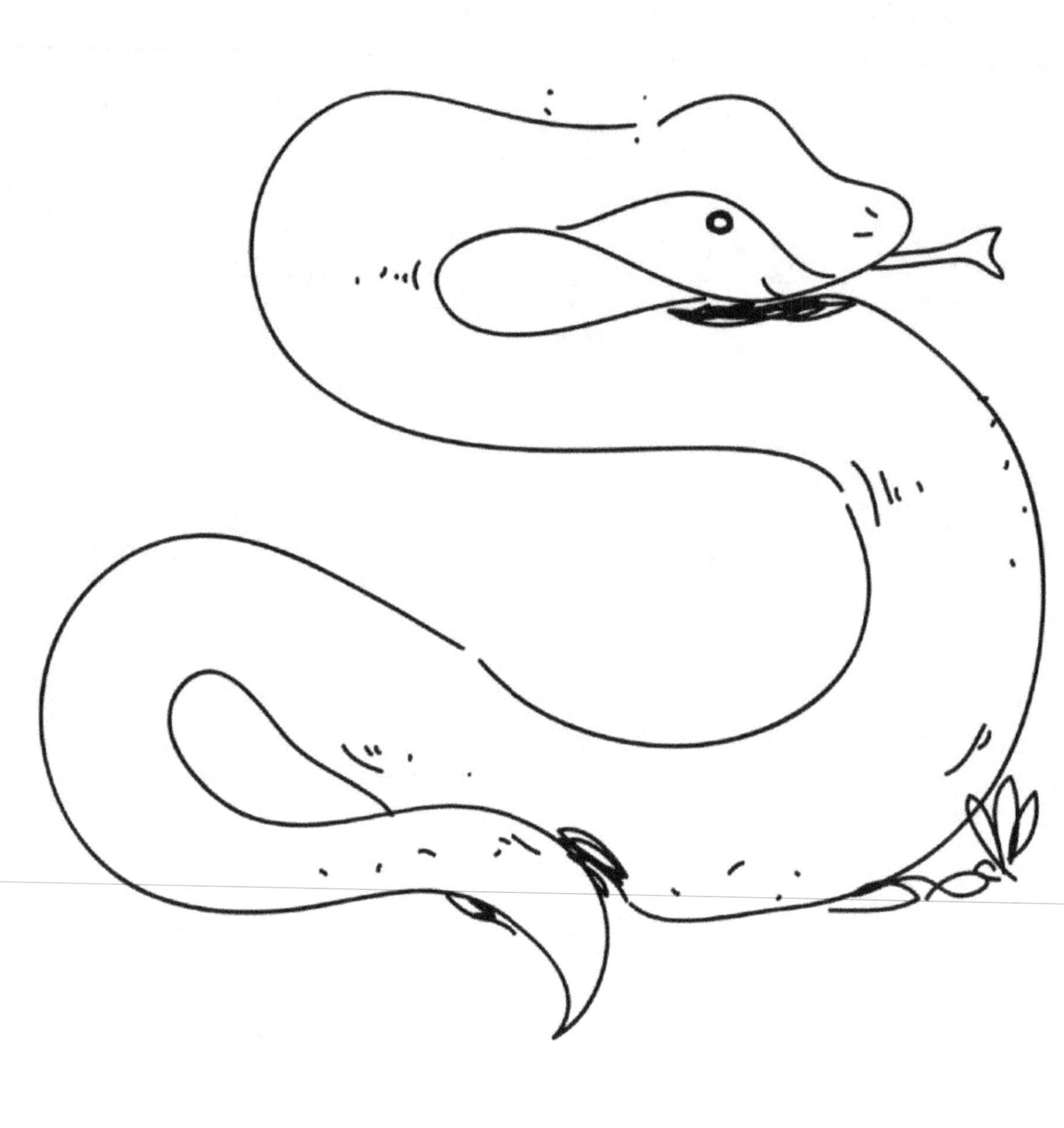

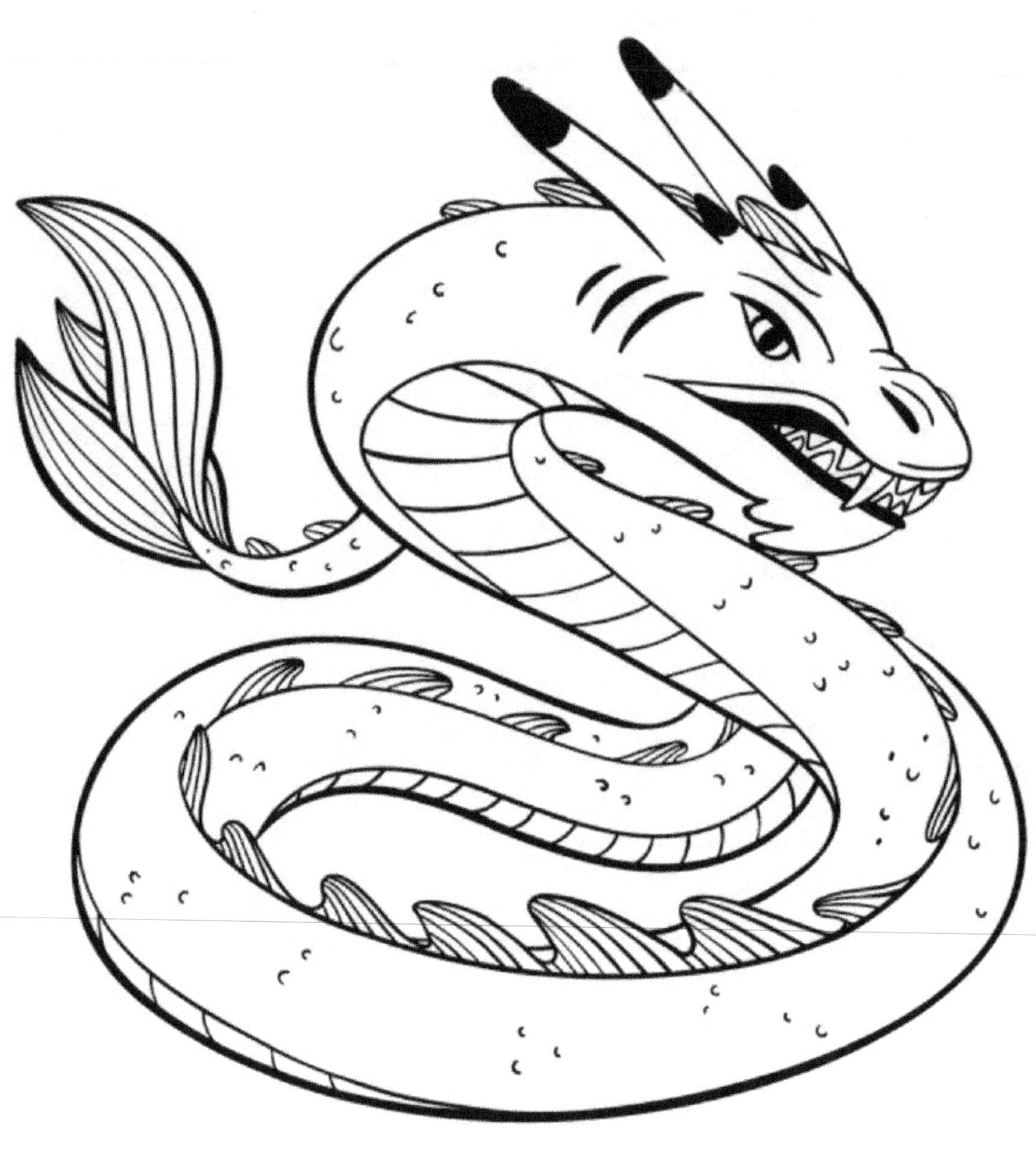

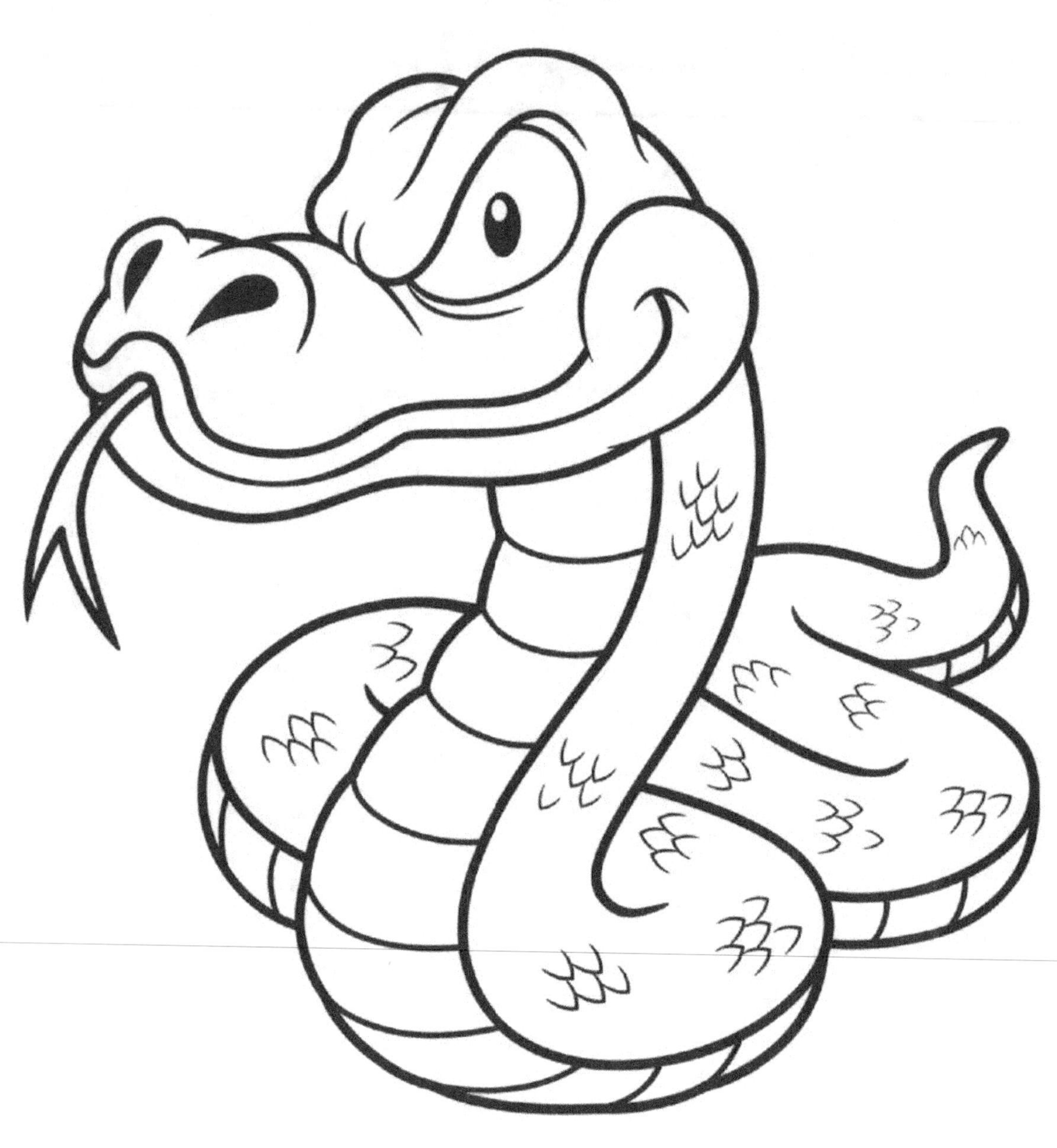

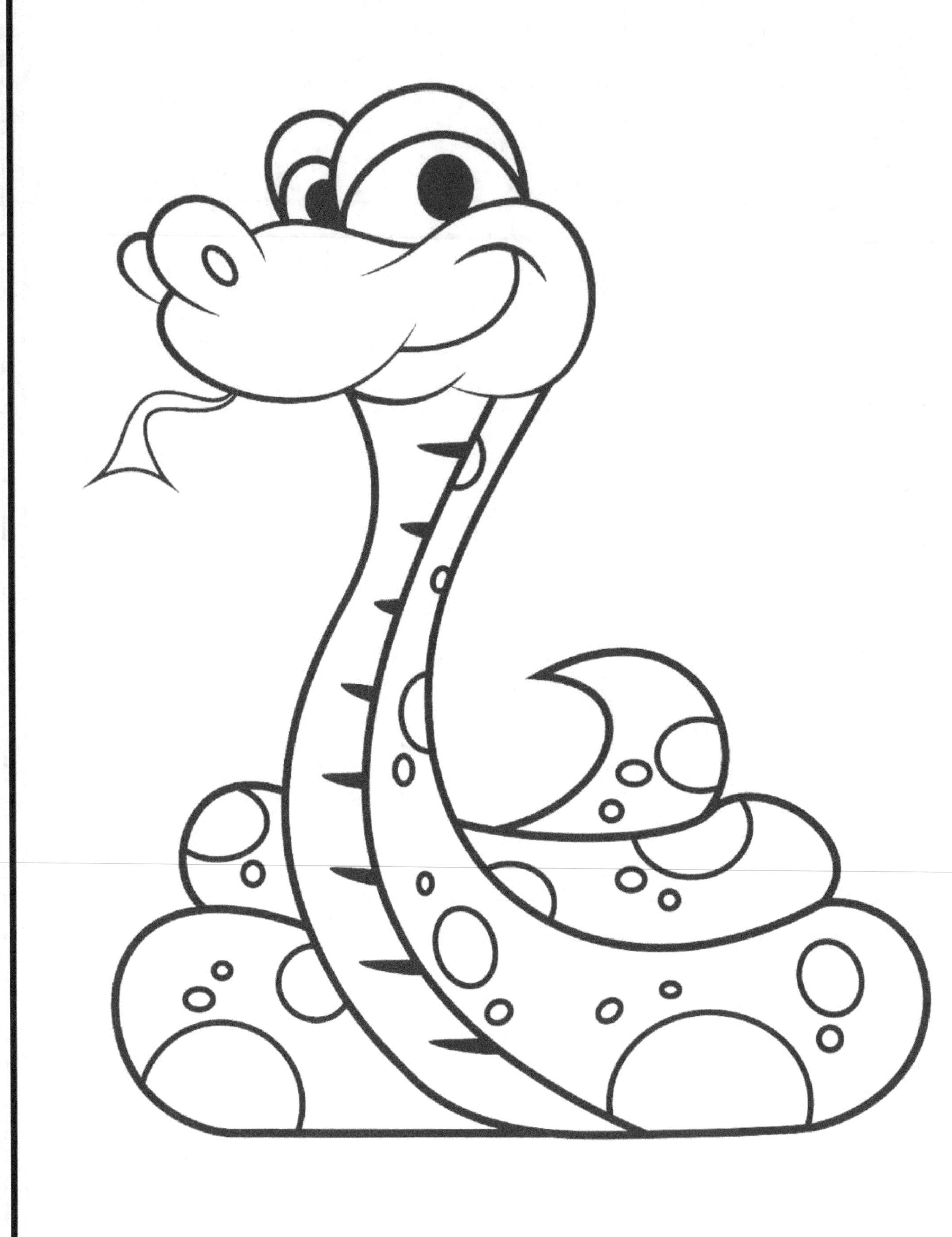

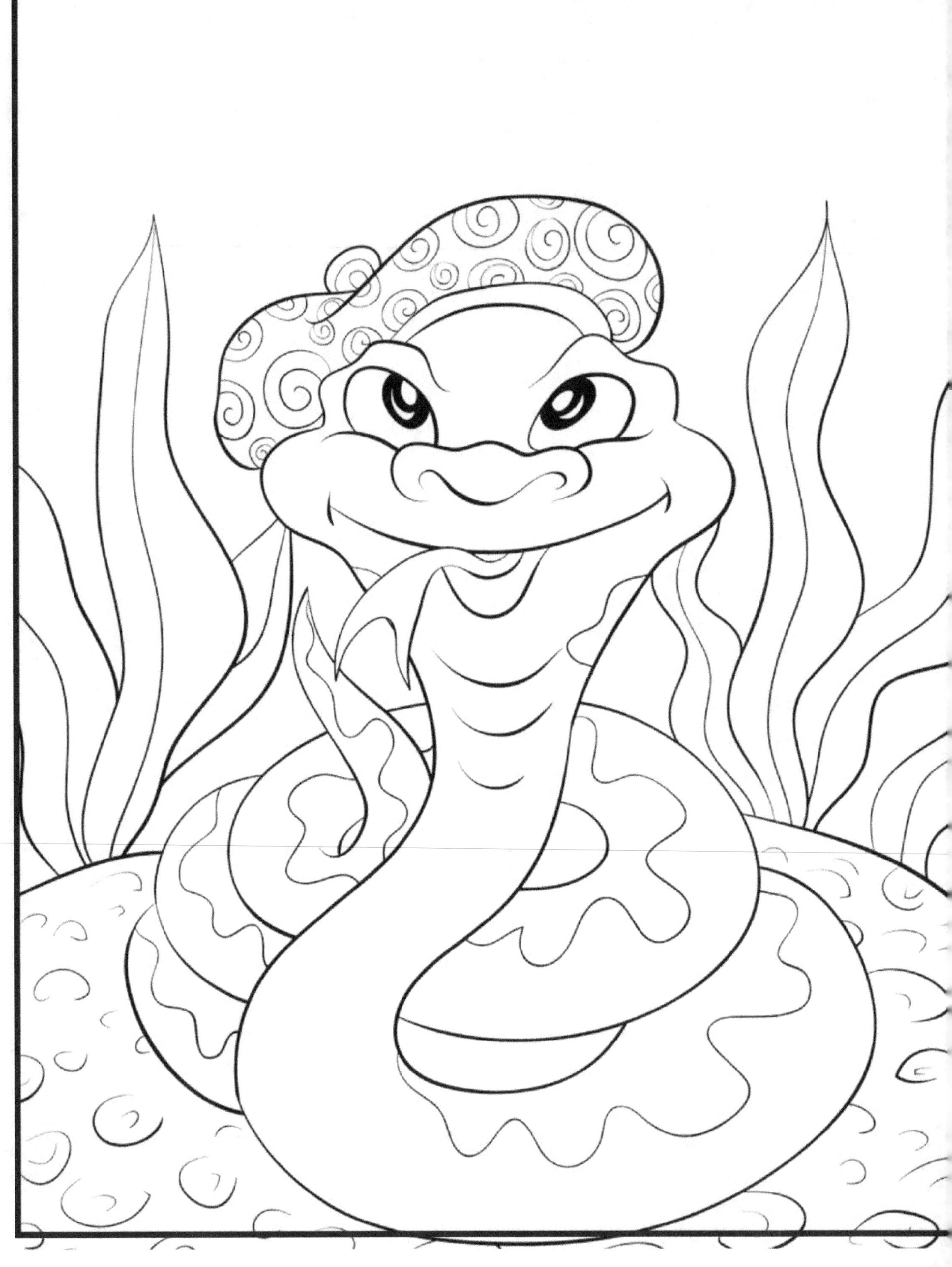

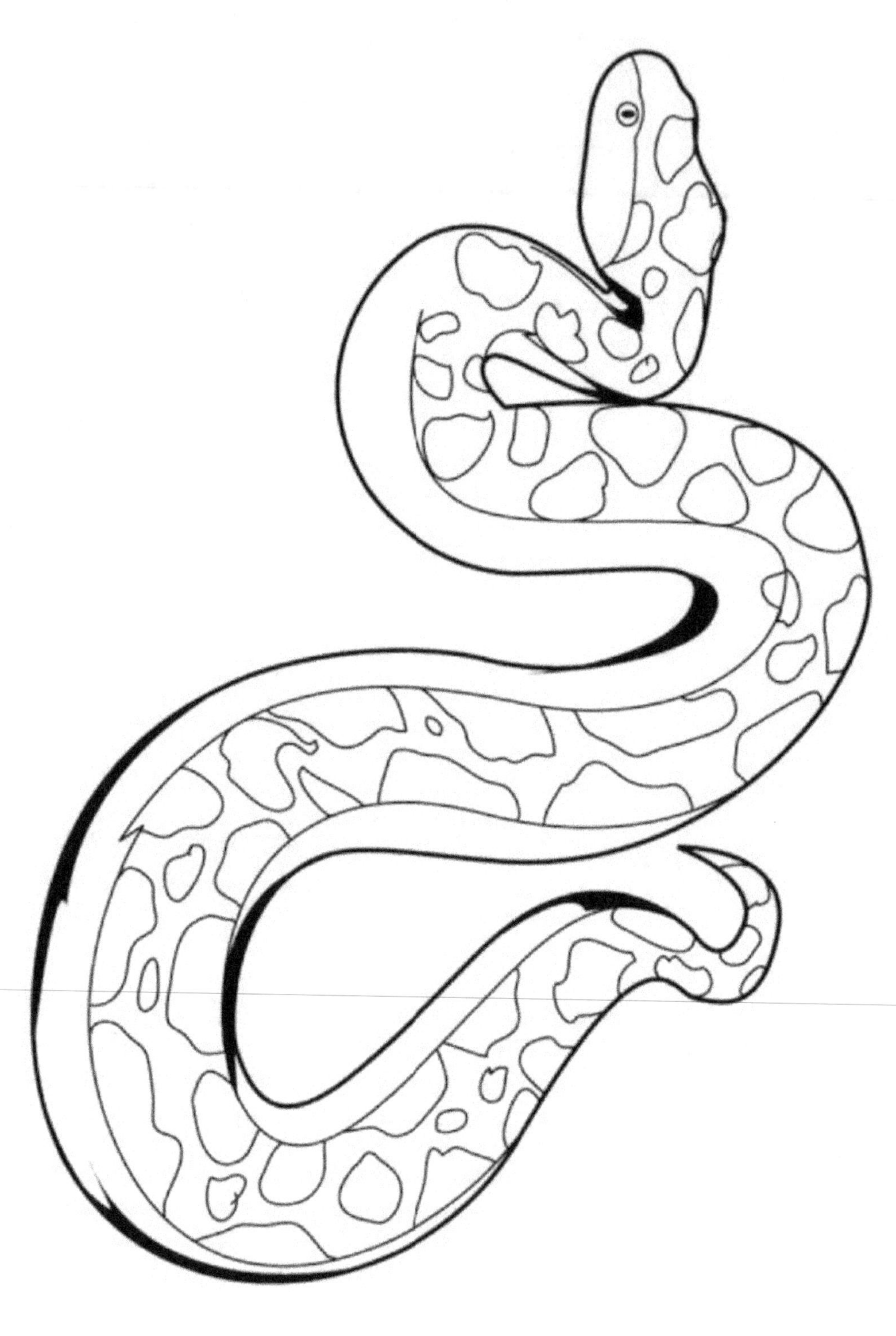

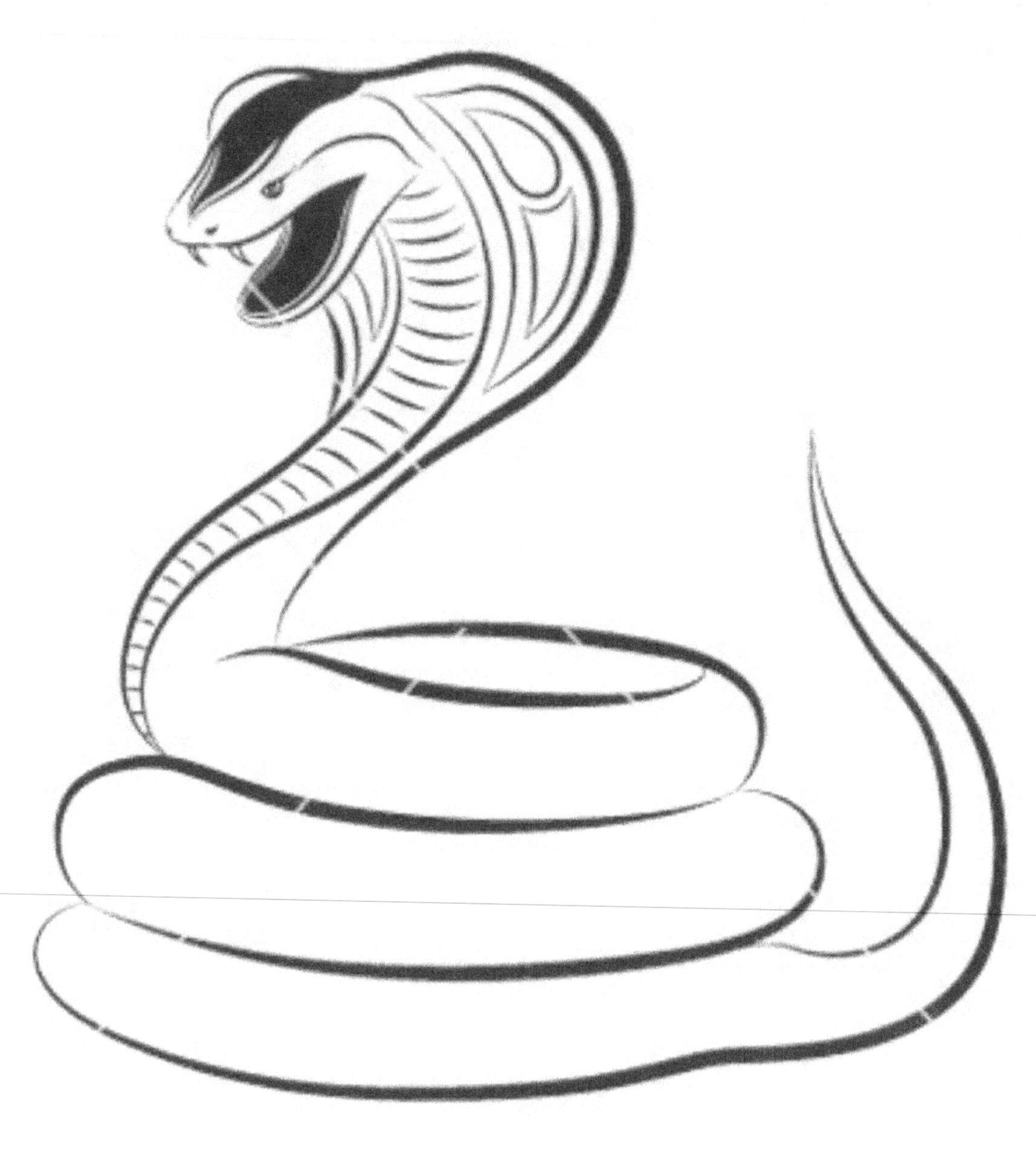

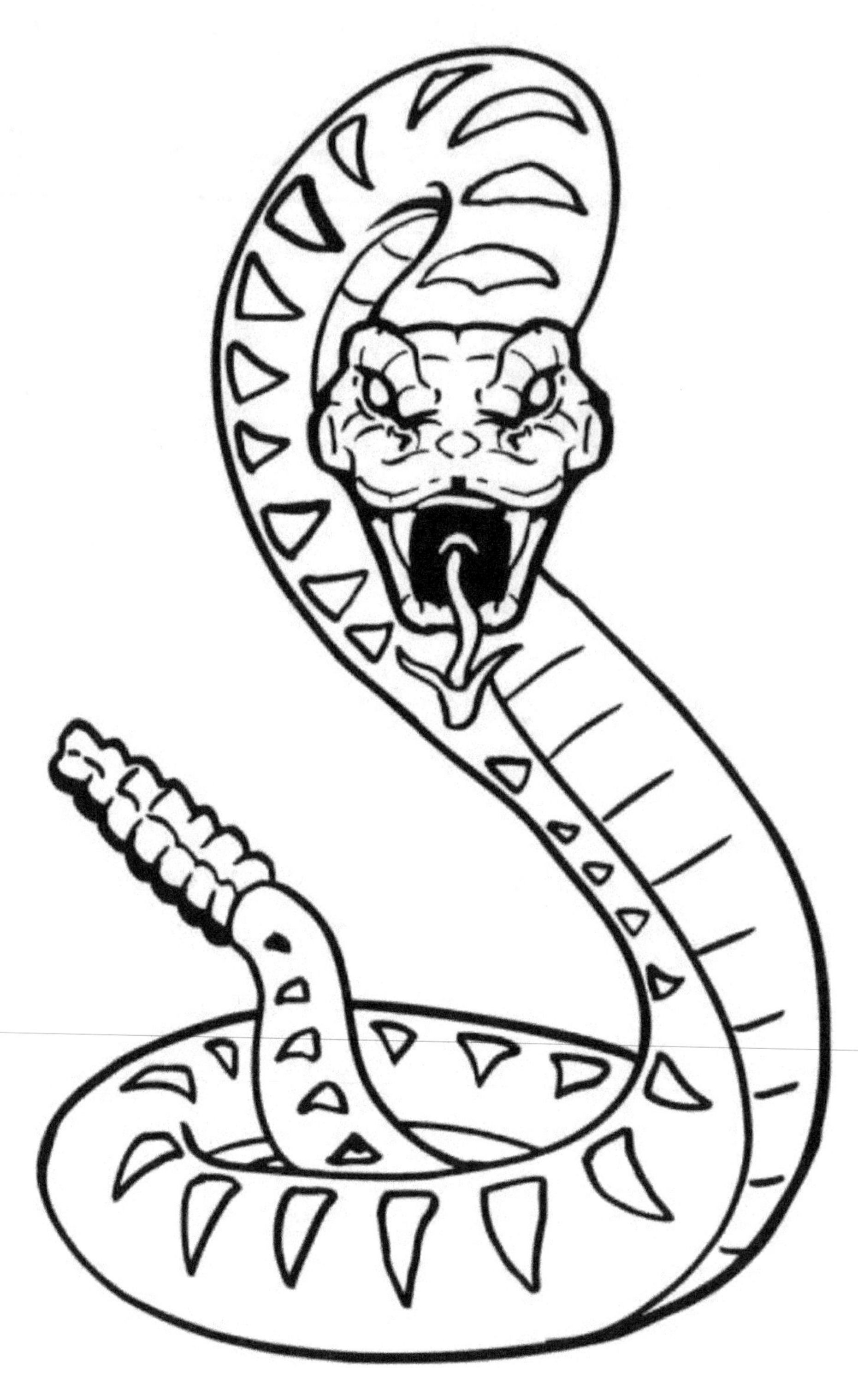

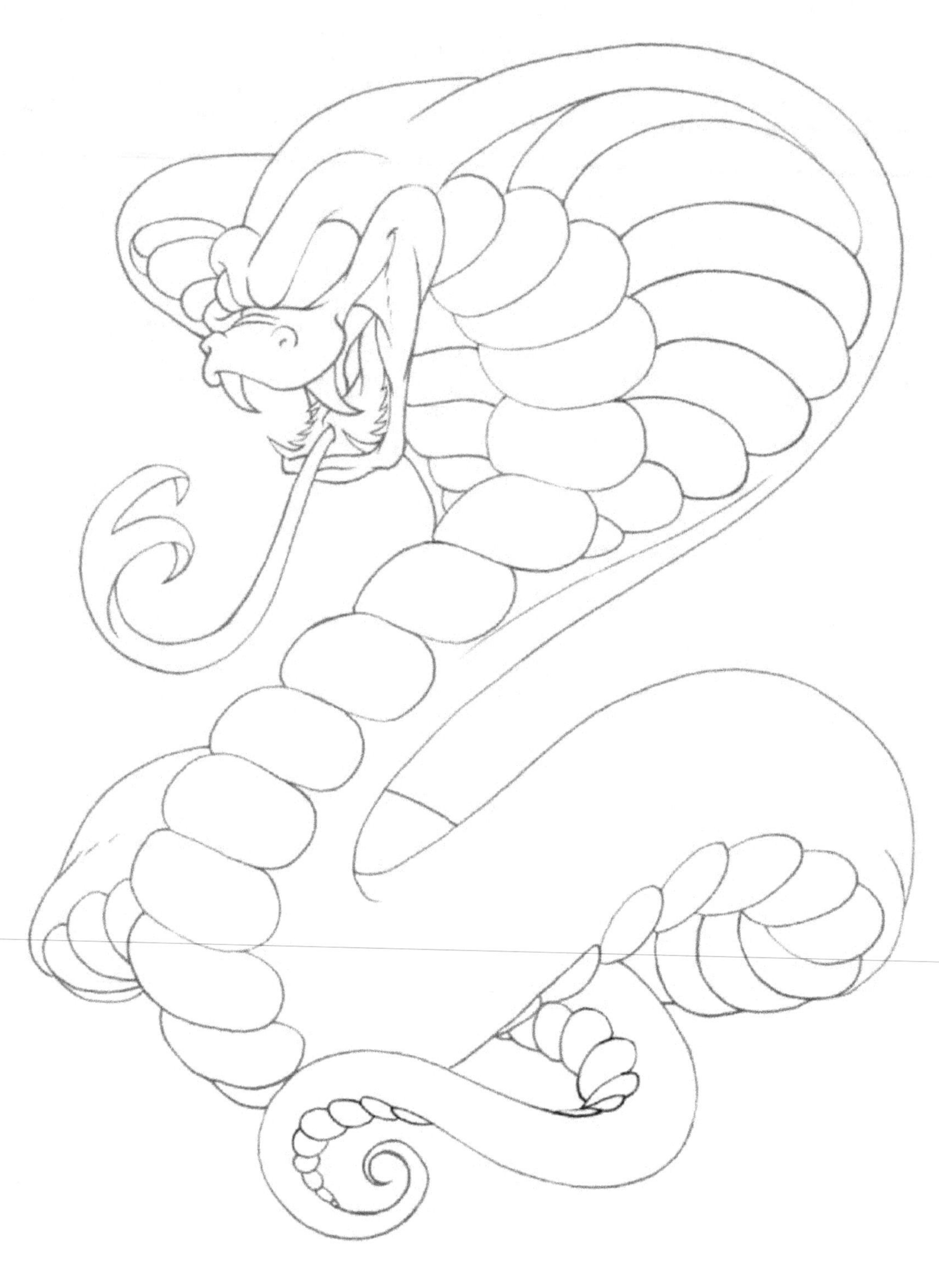

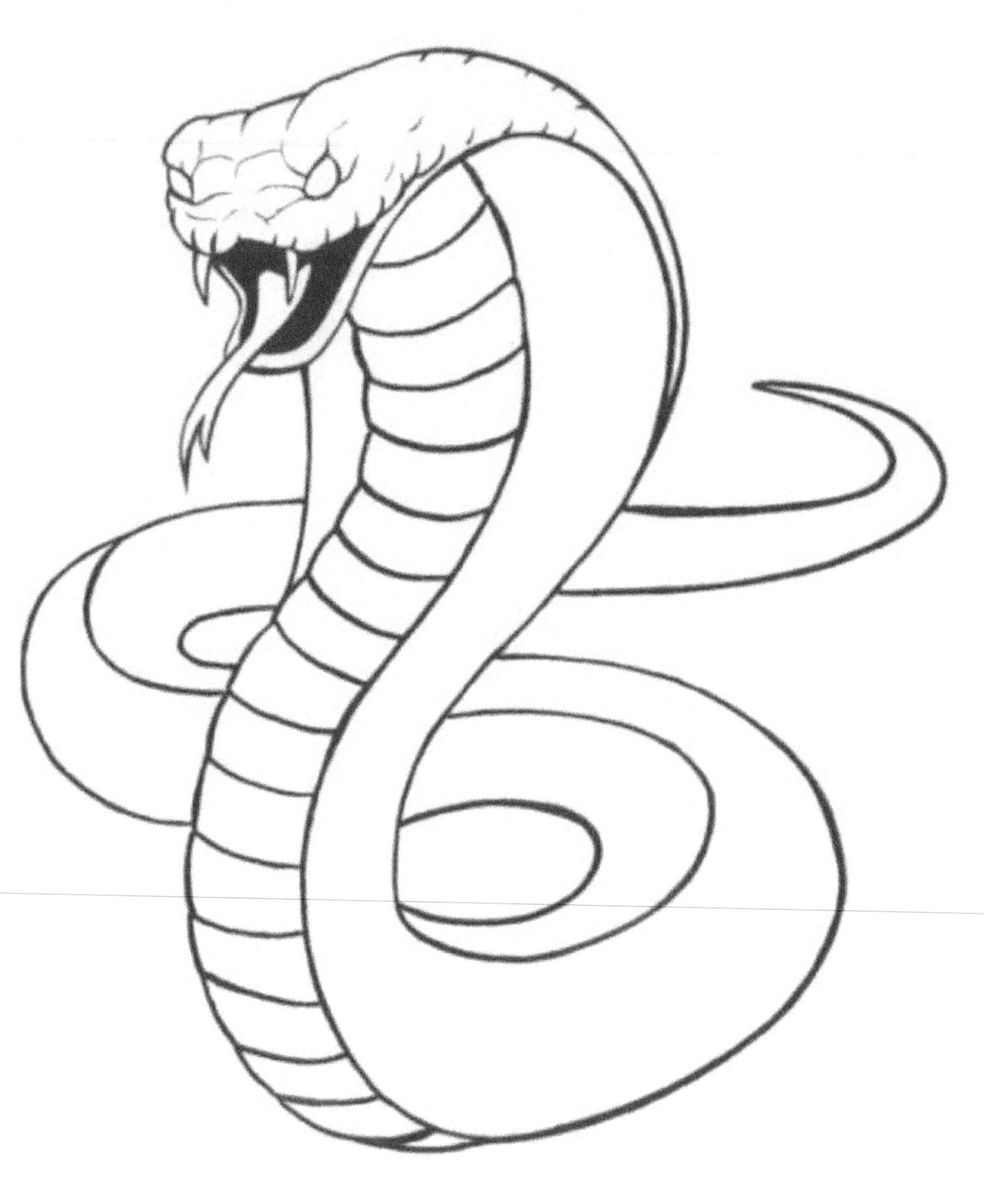

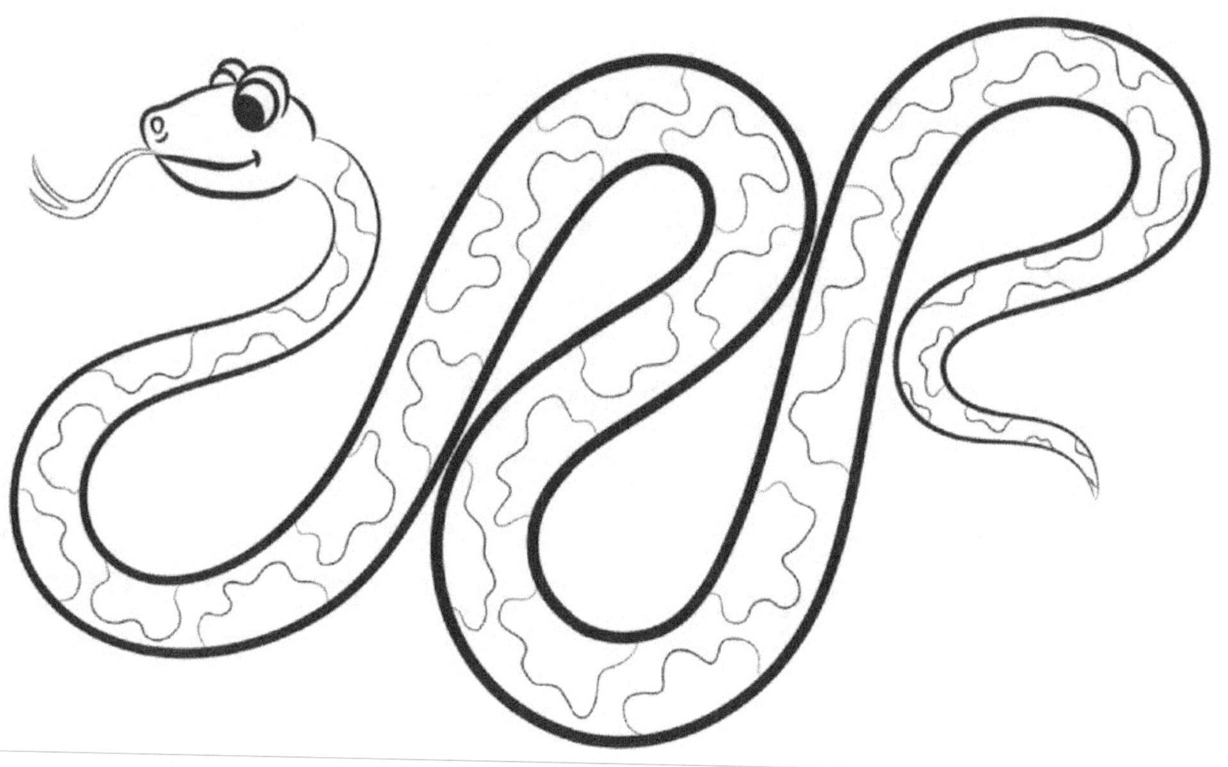

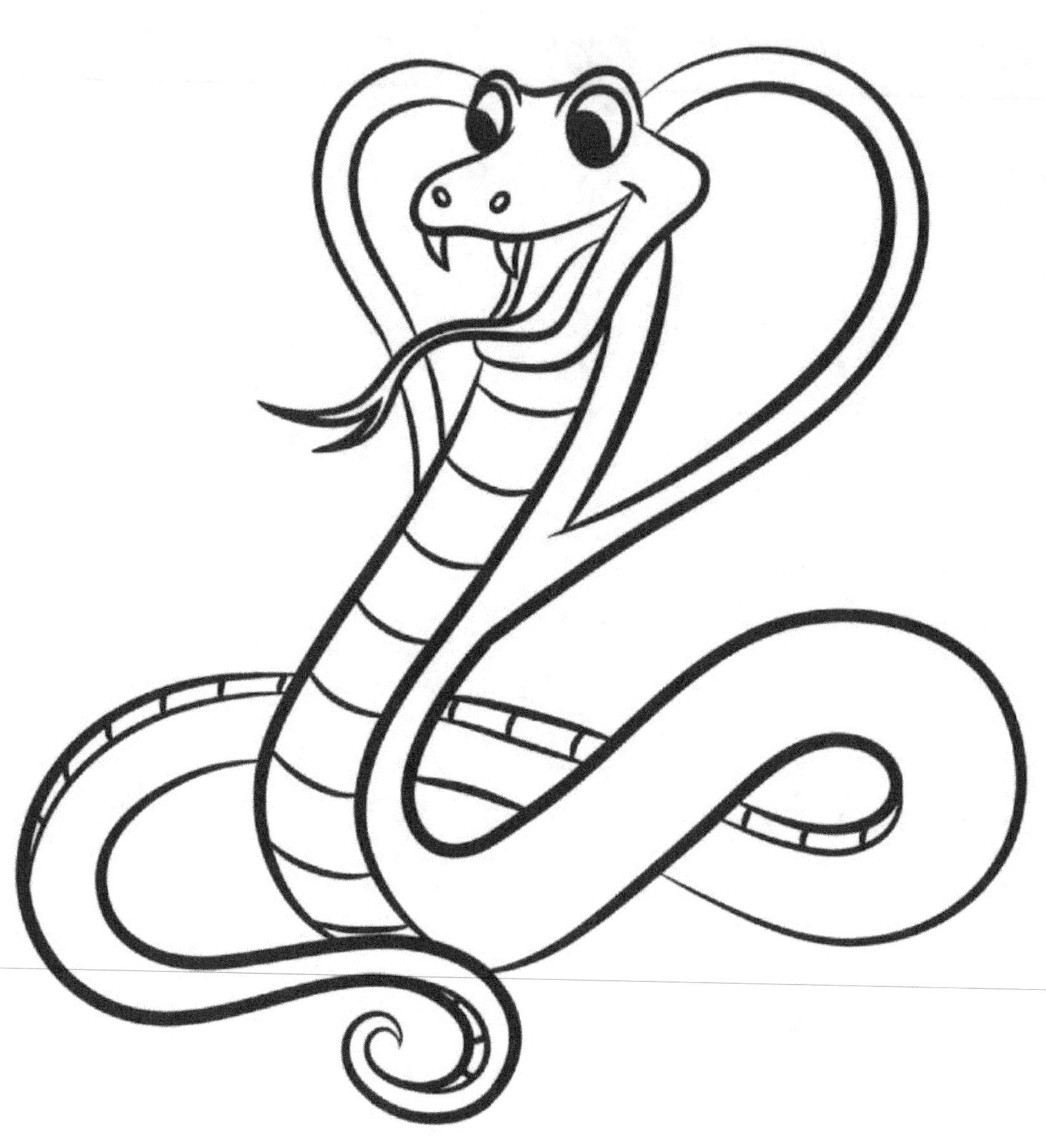

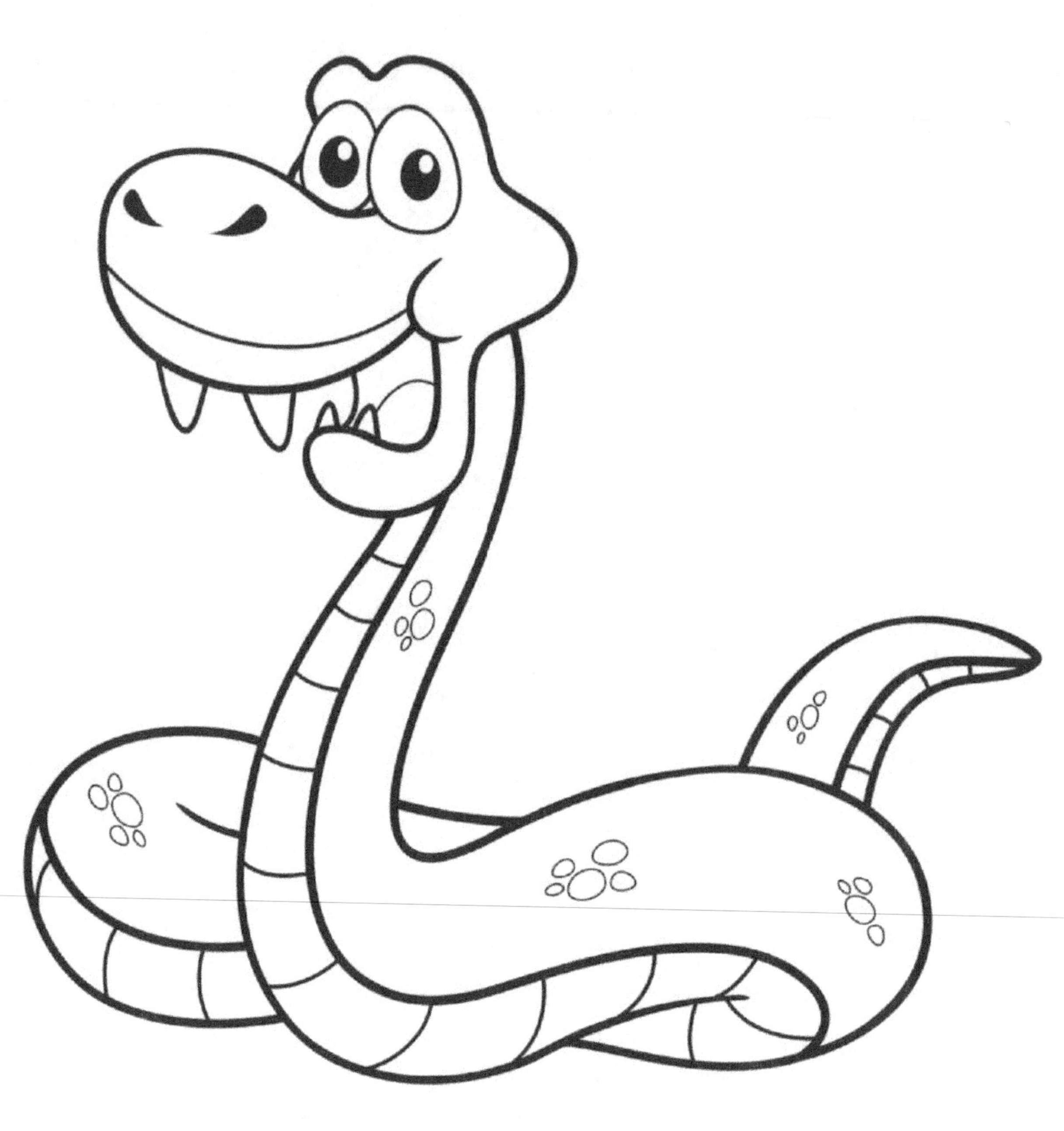

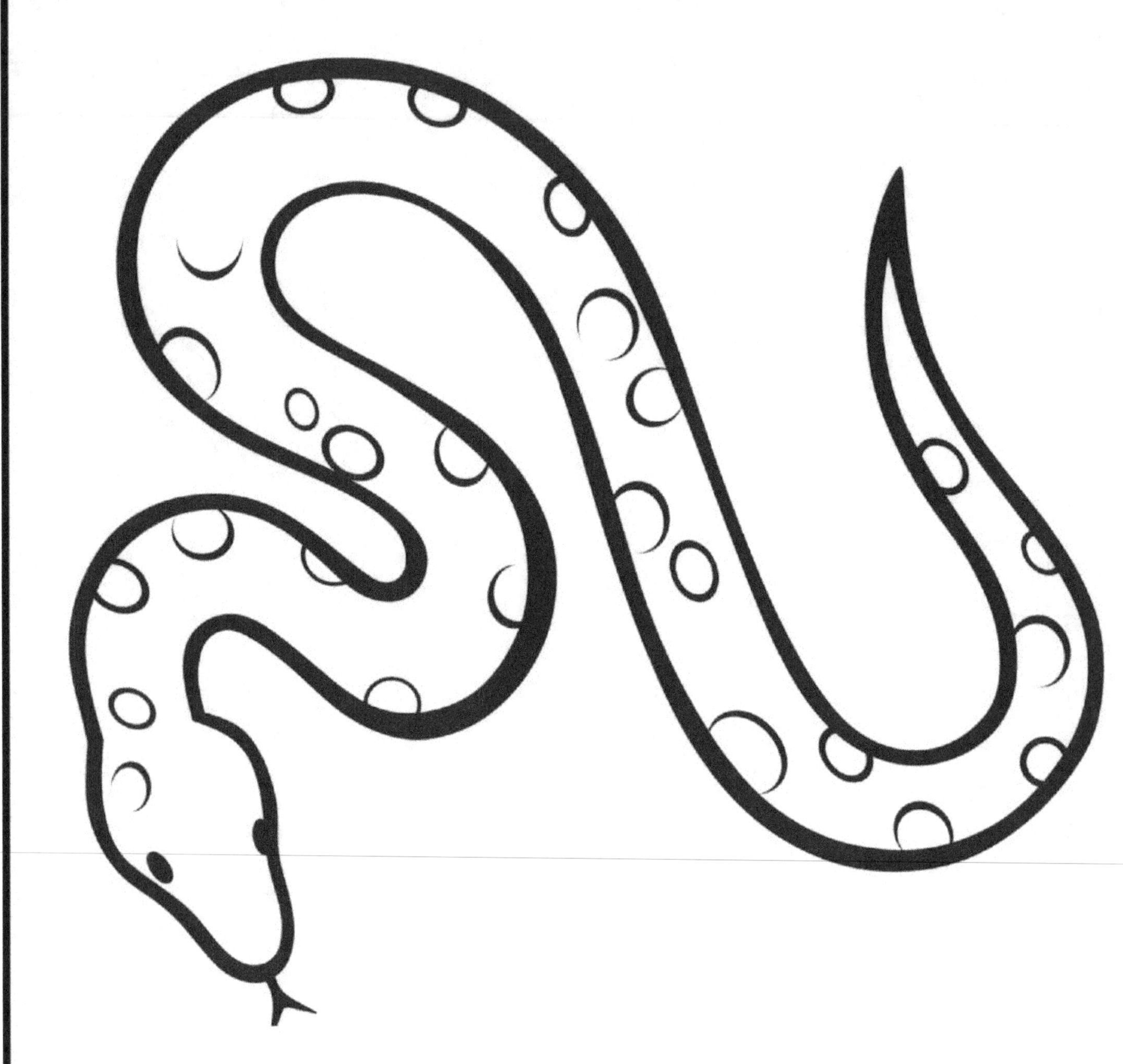

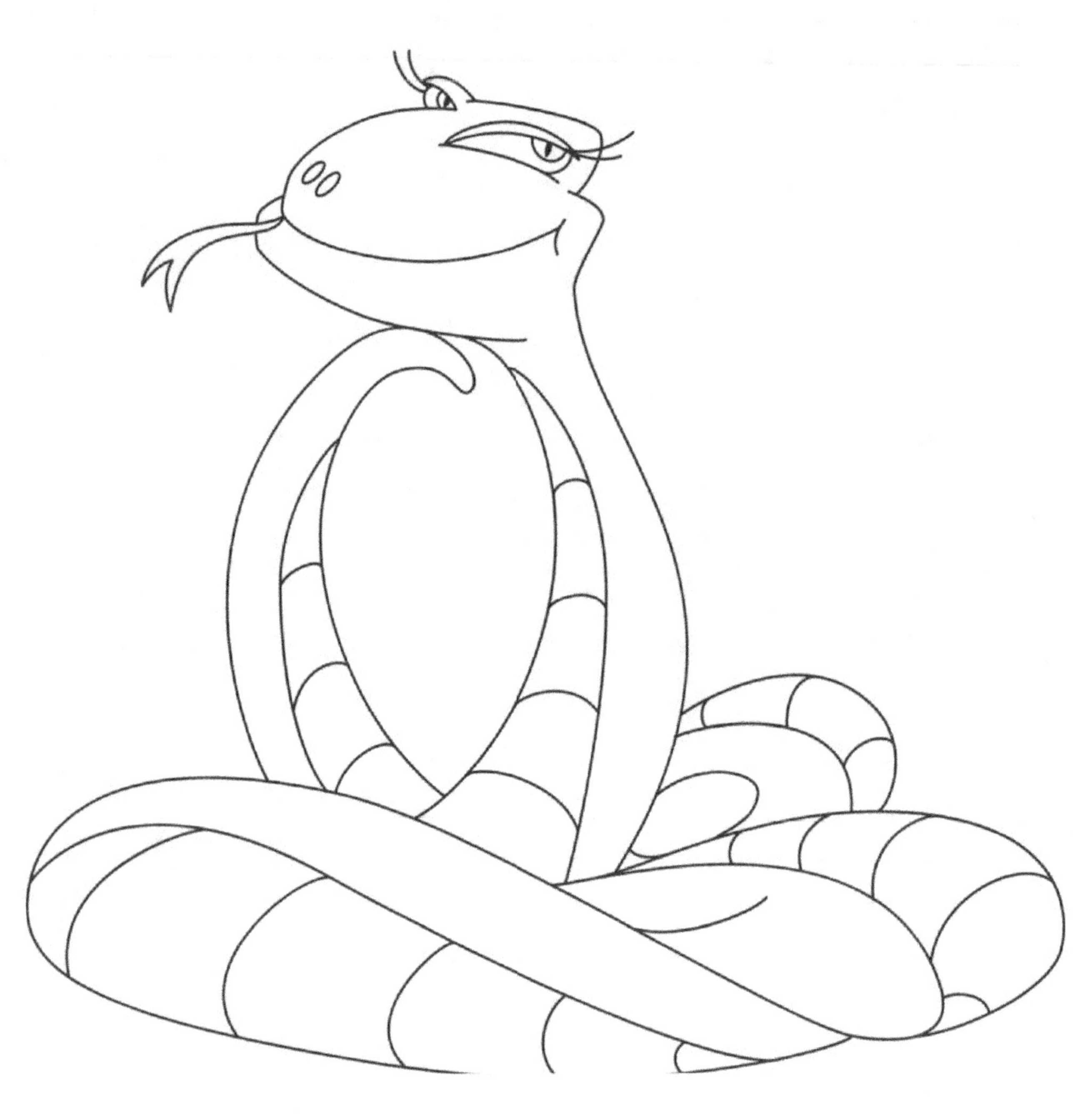

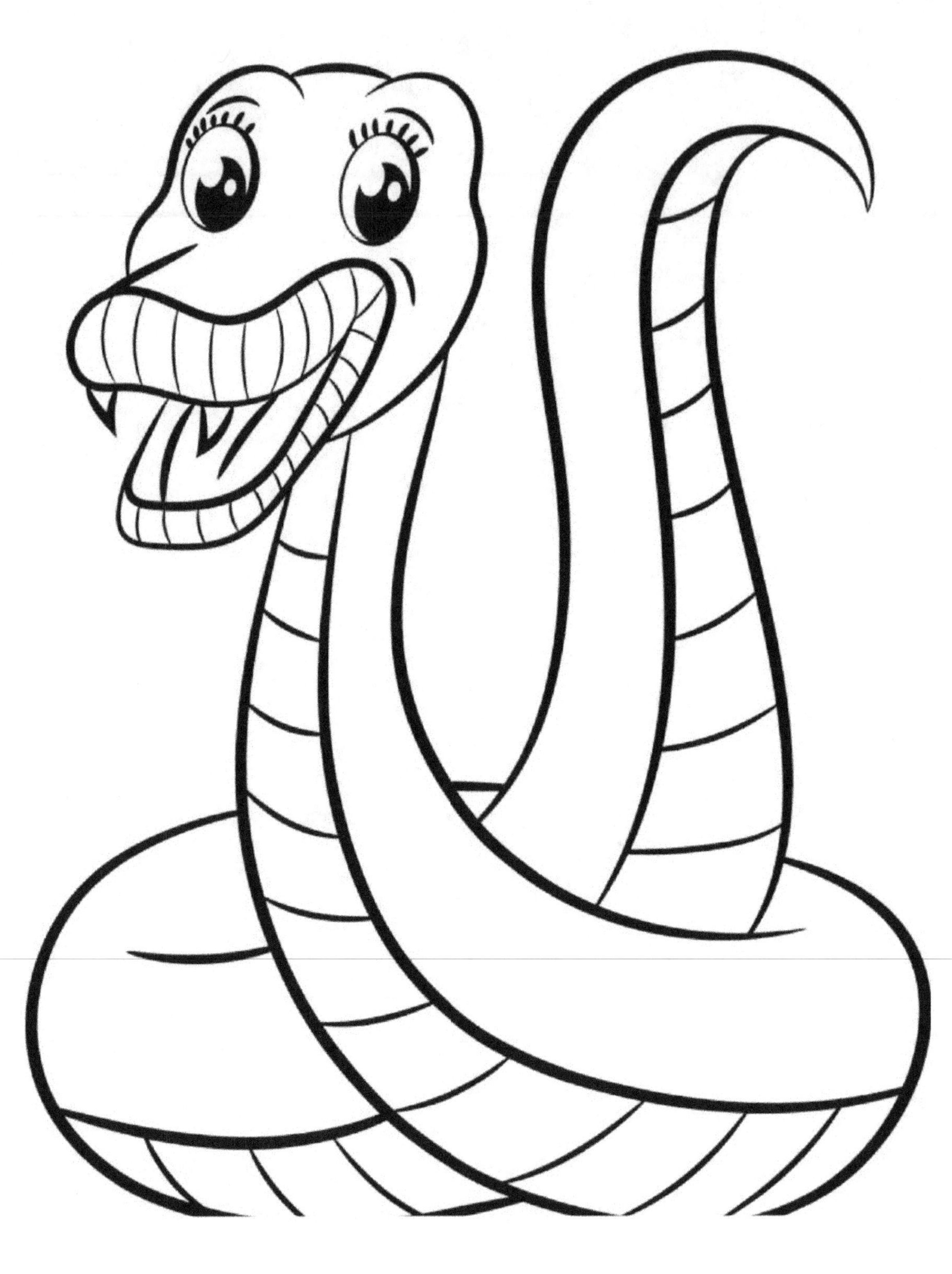

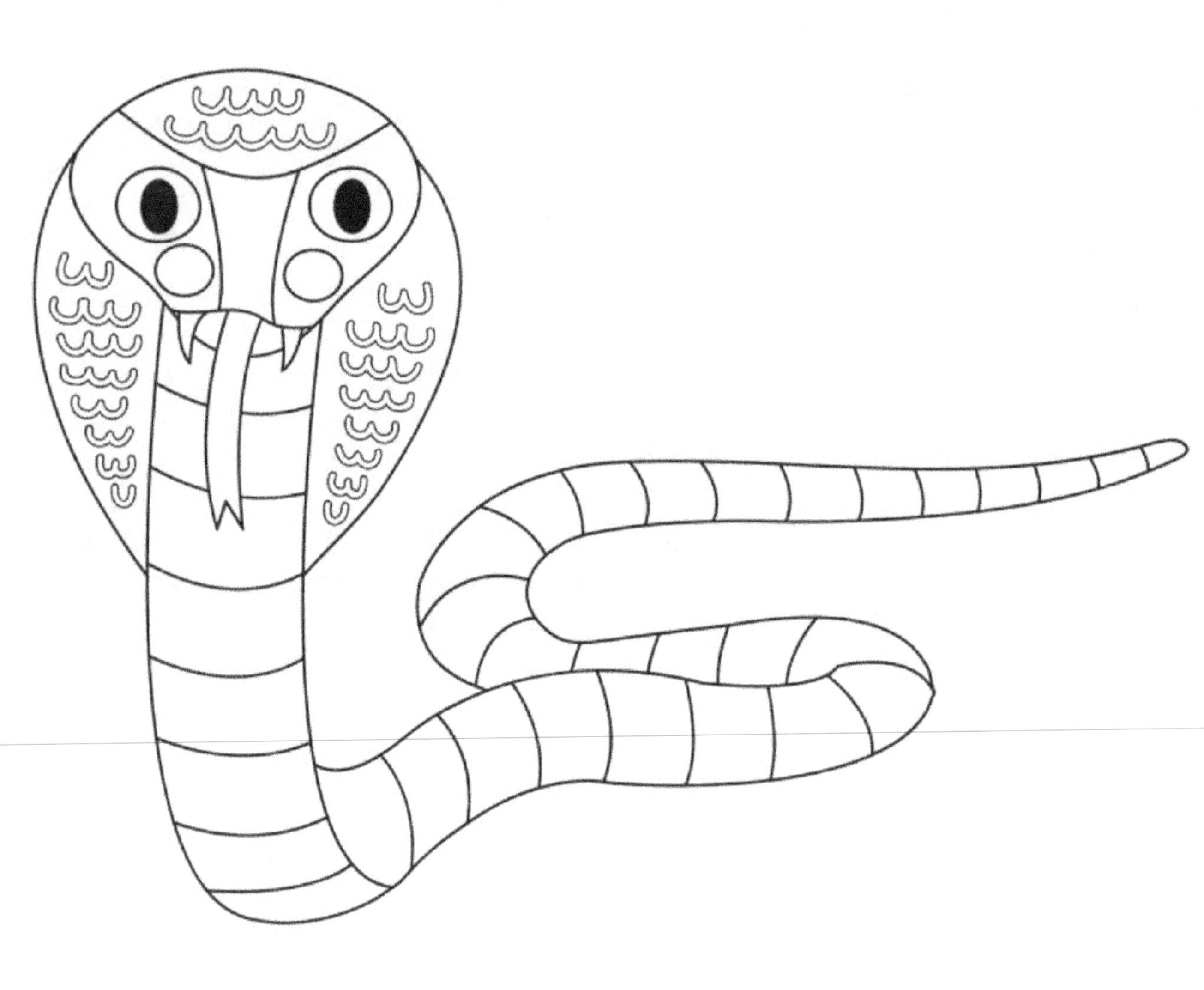

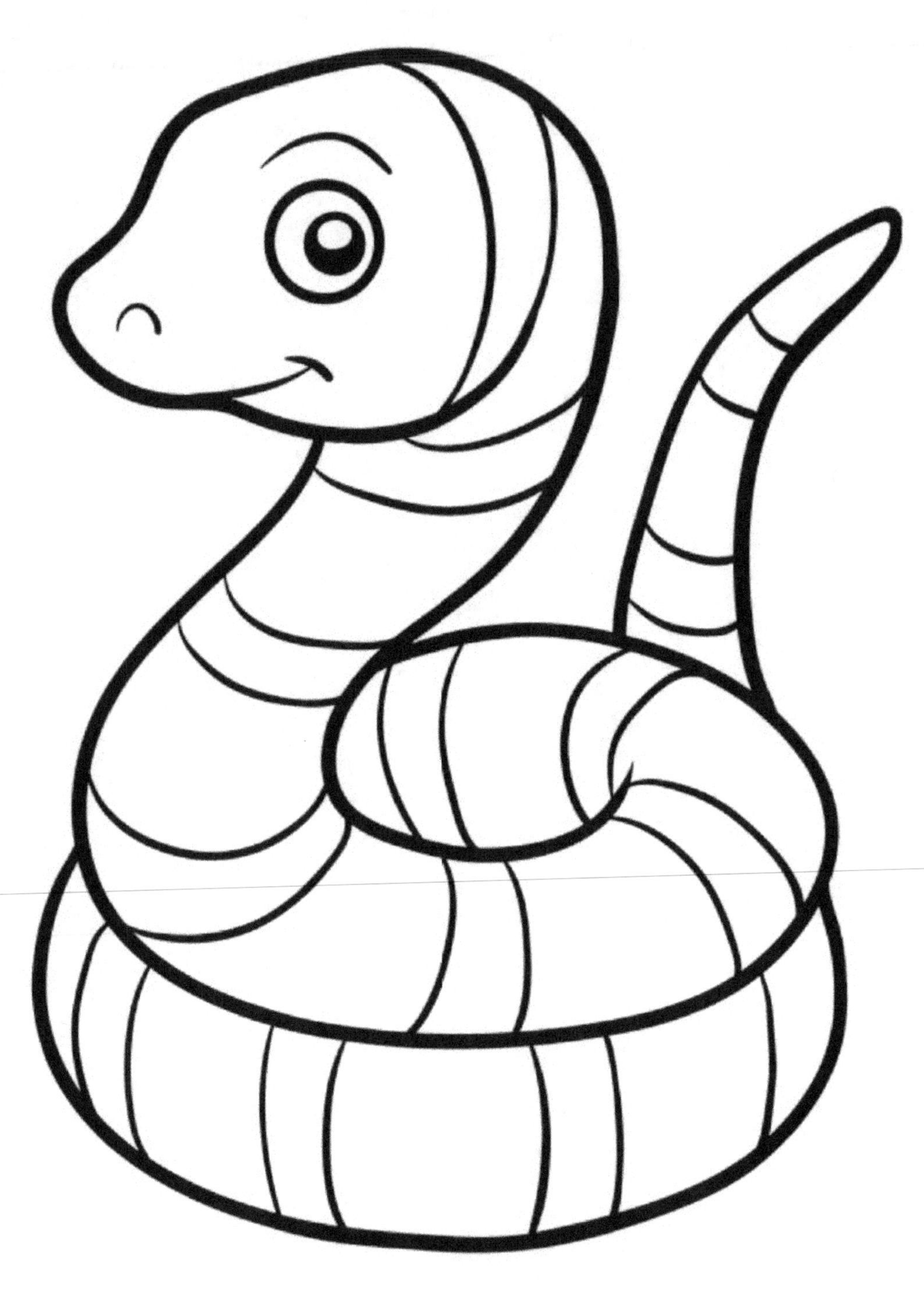

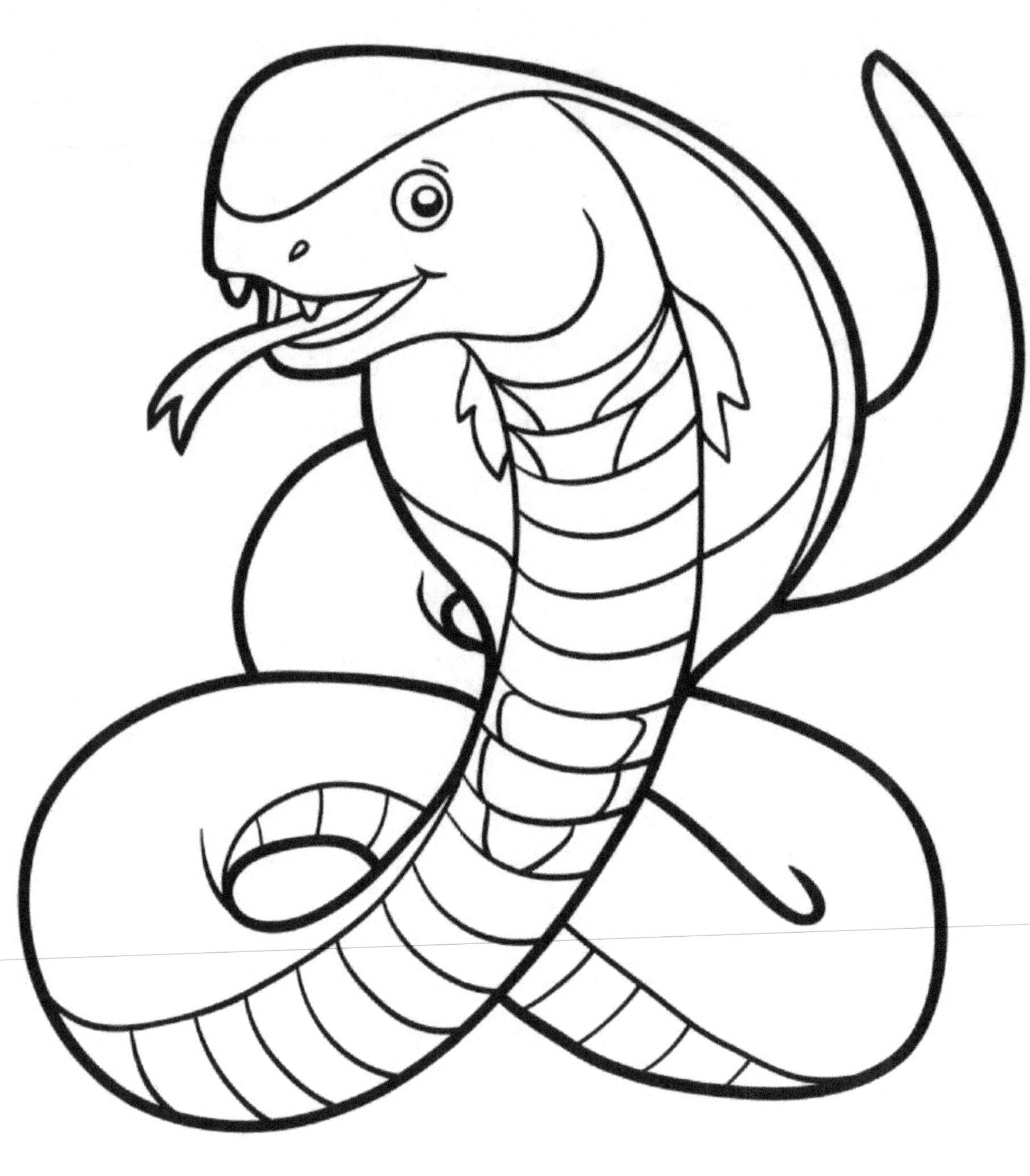

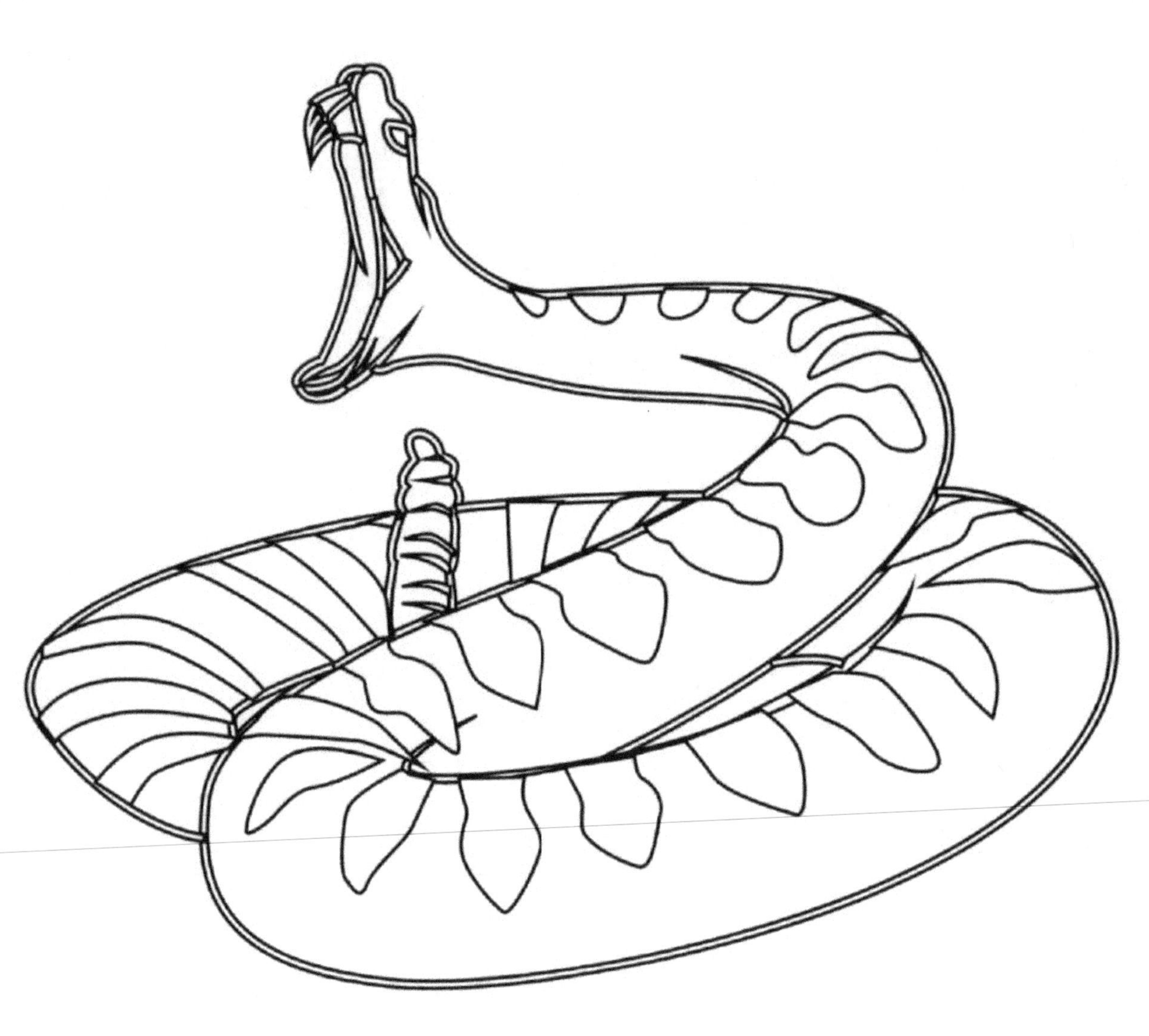

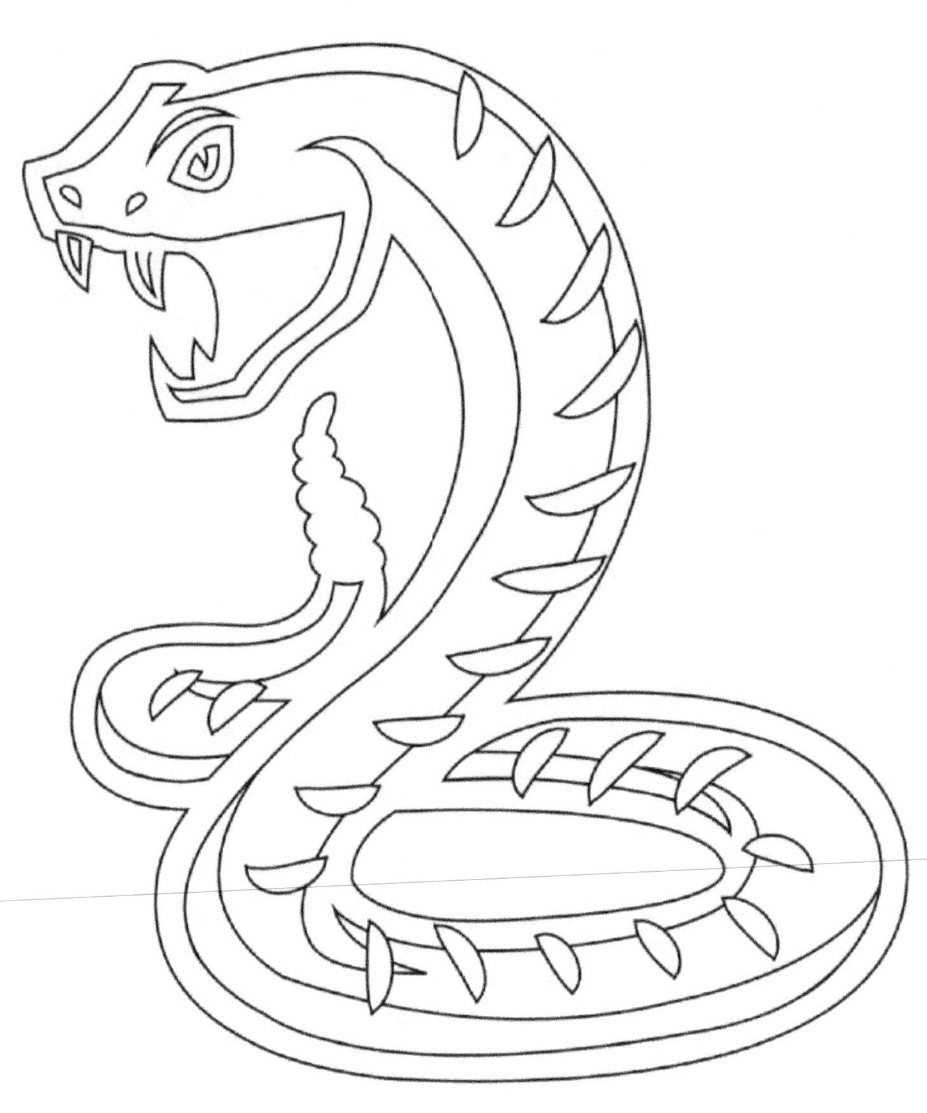

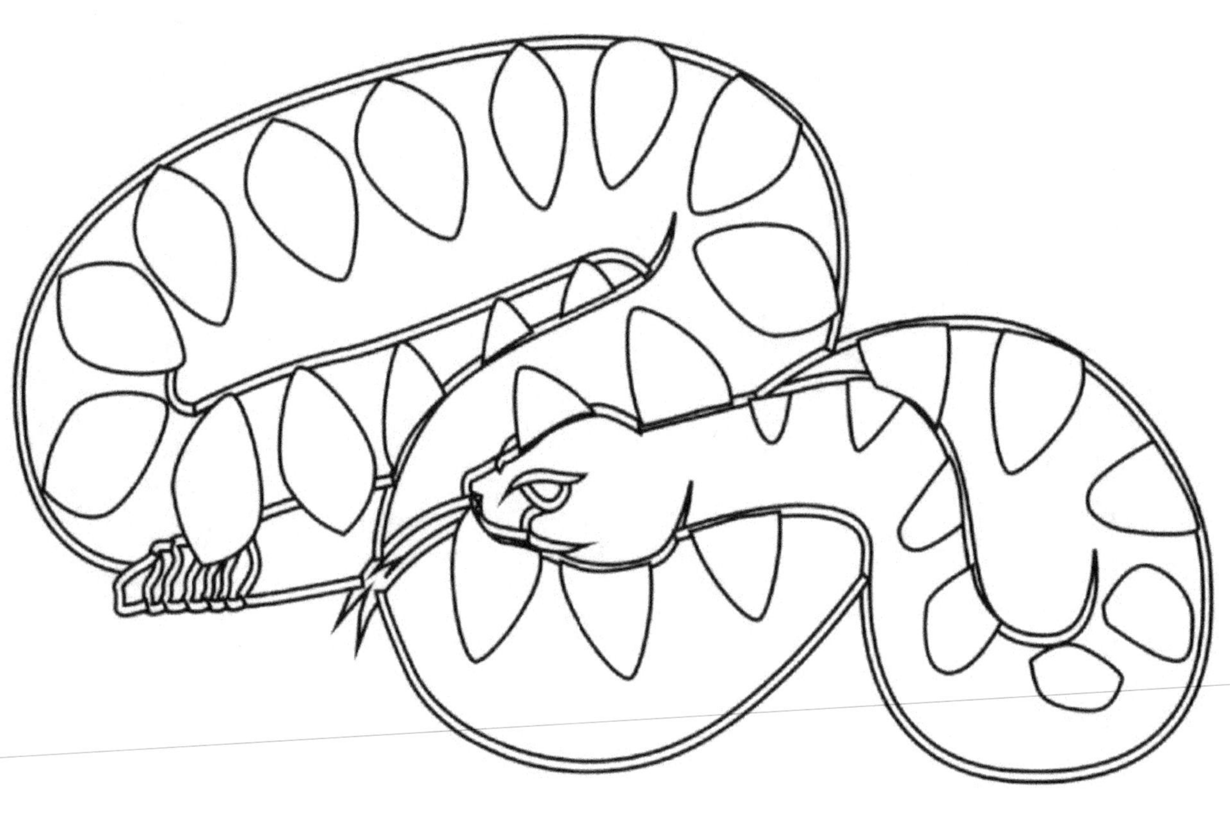

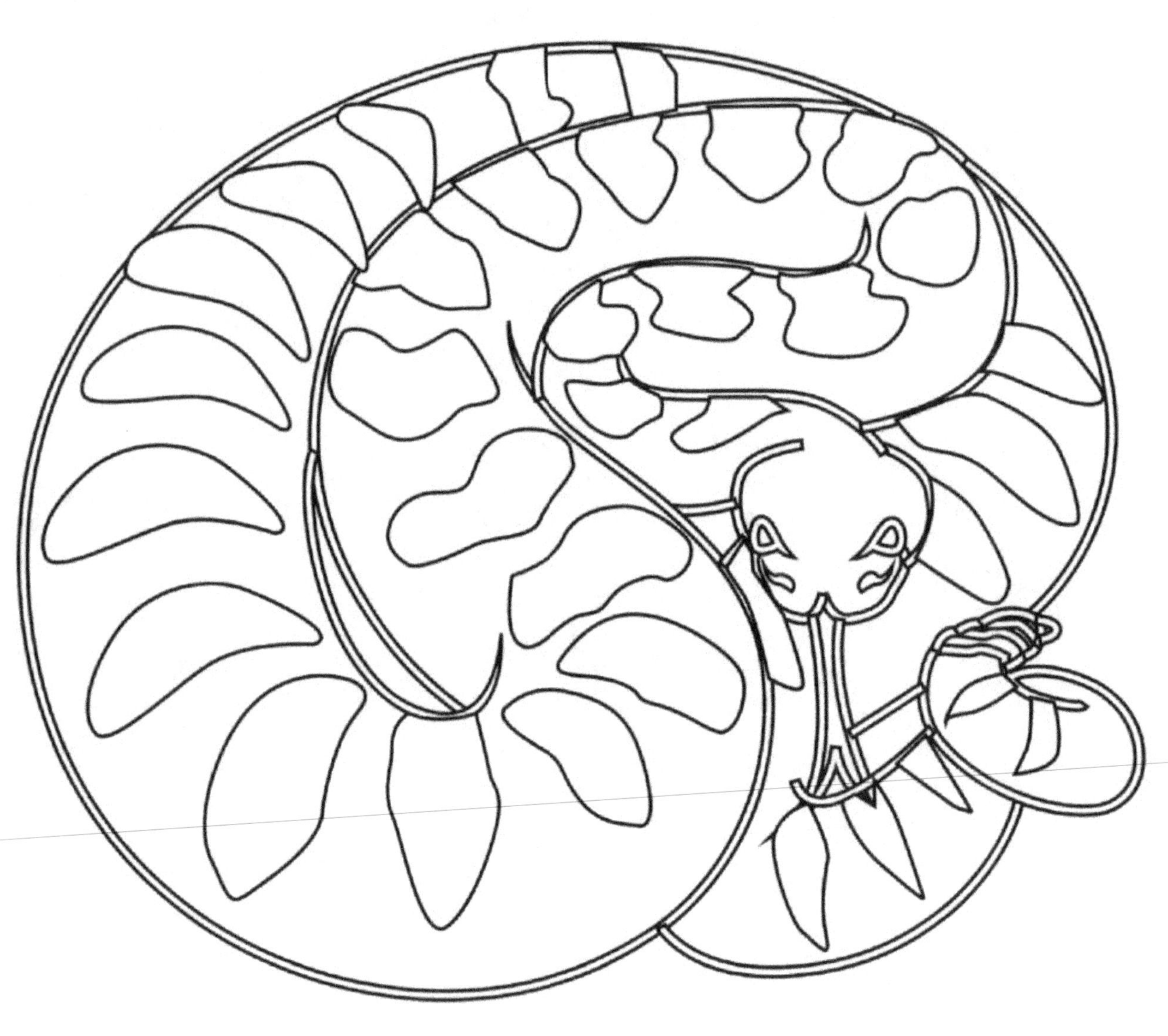